Un GRAND Week-end

BERLIN

Le Reichstag et les bords de la Spree

BERLIN

Tantôt bombardée, tantôt occupée, tantôt divisée, la ville semble toujours en chantier. Si la reconstruction a beaucoup progressé, les grues font toujours partie du paysage ; ses habitants semblent quant à eux toujours en quête de réalisations nouvelles. La ville mêle ainsi courants alternatifs dynamiques, galeries d'art de renom, boutiques avant-gardistes et vie nocturne hors norme. Vivant pleinement le présent sans perdre après-demain des yeux, Berlin n'en renie pas pour autant son passé et met un point d'honneur à le faire découvrir aux curieux de passage.

Biergarten Café am Neuen See

Notre auteur, Jean-Philippe Follet, est traducteur d'allemand. La première fois qu'il s'est promené sur Unter den Linden, c'était en 1979. Depuis, Berlin n'a plus aucun secret pour lui. Suivez le guide et partez à la découverte de la capitale historique aux tendances avant-gardistes à travers ses musées prestigieux, ses parcs et forêts et ses nuits rythmées de musique électronique. Il vous livre toutes ses trouvailles dans cette nouvelle édition du guide Berlin !

Notre photographe, Romain Boutillier, s'est chargé du dernier photo-reportage du guide : dix jours à sillonner la capitale allemande et à pousser les portes des adresses sélectionnées par Jean-Philippe. Entre expositions, *Biergärten*, *rooftops*, activités de plein air et bords de la Spree, aucun détail ne lui a échappé.

Un Grand Week-end sur les réseaux sociaux

Suivez-nous sur *Facebook*, *Twitter* et *Instagram* **@Ungrandweekend**

Vous y trouverez nos photos coups de cœur, nos expériences uniques et surtout une réponse personnalisée à toutes vos questions.

Et si vous y contribuiez ? Nous aimons beaucoup voir nos guides en voyage : postez une photo de votre guide en situation et taguez-nous, nous partagerons les plus belles et récompenserons régulièrement les plus appréciées.

2019 Les expos À NE PAS MANQUER

Bode-Museum

PERGAMONMUSEUM

➡ Das Panorama (Le panorama de l'antique Pergame)

Le Pergamonmuseum a eu la bonne idée d'installer juste derrière le musée, sur le quai Am Kupfergraben, un grand panorama circulaire à 360 ° de l'antique cité grecque de Pergame (Asie Mineure), réalisé par le peintre Yadegar Asisi avec l'aide d'historiens et d'archéologues. Le paysage vaut le détour : on se croirait téléporté en l'an 129, sous le règne de l'empereur Hadrien ! En prime : une sélection de 80 sculptures antiques et de nouvelles installations multimédia.

Du 17 novembre 2018 au 31 décembre 2023
Infos pratiques p. 41.

BODE-MUSEUM

➡ Unvergleichlich, Kunst aus Afrika (Incomparable, l'Art de l'Afrique)

Pourquoi une statuette africaine du XVIIe s. représentant une princesse du Bénin est-elle généralement étiquetée « objet ethnographique » alors qu'un angelot sculpté par l'Italien Donatello en 1429 est considéré comme une œuvre d'art ? En prenant le parti de les exposer côté à côte (ainsi que 70 autres sculptures provenant des deux continents), le Bode-Museum nous invite à comparer et, peut-être aussi, à modifier notre regard. Enrichissant.

Jusqu'au 31 décembre 2019
Infos pratiques p. 42.

GEMÄLDEGALERIE

➥ Mantegna und Bellini, Meister der Renaissance (Mantegna et Bellini, maîtres de la Renaissance)

Ils n'étaient pas seulement deux grands talents des débuts de la Renaissance italienne : Andrea Mantegna et Giovanni Bellini étaient aussi... beaux-frères, le premier ayant épousé, en 1453, la sœur du second. Cette exposition attachante, présentée en 2018 à la National Gallery de Londres, s'emploie donc à mettre en parallèle les deux artistes pour mieux mesurer leur apport respectif à la peinture et leurs influences réciproques.

Du 1er mars au 30 juin 2019
Infos pratiques p. 57.

BERLINISCHE GALERIE

➥ Bauhaus : production-reproduction

En 2019, plusieurs villes allemandes célèbrent le centenaire du Bauhaus. Berlin lui consacre plusieurs expos. La plus importante de toutes est celle de la Berlinische Galerie qui entend raconter l'histoire, les techniques et les idées du Bauhaus à l'aide d'installations novatrices et interactives, de documents inédits et d'œuvres (celles de László Moholy-Nagy notamment) issues des collections du Bauhaus-Archiv.

Du 6 septembre 2019 au 27 janvier 2020
Infos pratiques p. 83.

Gemäldegalerie

HUMBOLDT FORUM IM BERLINER SCHLOSS

L'événement phare de 2019, c'est l'**ouverture au public du château de Berlin** (Berliner Schloss) dont on ne connaît pour l'instant que les façades ! À peine le ruban coupé, il sera possible de découvrir ce qui se cache à l'intérieur : un centre culturel, le **Humboldt Forum,** véritable ruche qui devrait bourdonner de concerts, lectures, ateliers... La première des expositions vous conduira à la rencontre des cultures du monde. D'ici là, rendez-vous à l'Humboldt Box pour découvrir ce chantier pharaonique !

À partir de fin 2019 – Infos pratiques p. 39.

Les incontournables
DE BERLIN

REICHSTAG

Sir Norman Foster rénova le siège du Parlement fédéral d'Allemagne en l'habillant d'une sublime coupole de verre à la fin des années 1990. Une bonne raison de monter à son sommet pour admirer la ville et vous imprégner de son histoire. Voir p. 27.

ALEXANDERPLATZ ET KARL-MARX-ALLEE

Centre névralgique du Berlin des années 1920, l'Alexanderplatz a bien changé, mais tient toujours un rôle capital. Ancienne vitrine du socialisme, elle reste marquée par une architecture symbolique des années 1950-1960, de la tour de Télévision à la Karl-Marx-Allee. Voir p. 53 et p. 91.

JÜDISCHES MUSEUM

Le Musée juif, ouvert en 2001, retrace l'histoire du peuple juif à travers les époques. L'œuvre architecturale de Daniel Libeskind sert le propos et le parcours de visite imaginé rend l'expérience mémorable. Voir p. 83.

MÉMORIAL DU MUR DE BERLIN

Trente ans ont passé depuis la chute du rideau de fer, mais une petite portion du dispositif frontalier est encore là, le long de la Bernauer Strasse : c'est le mémorial du mur de Berlin (Gedenkstätte Berliner Mauer), avec son chemin de ronde, son mirador et un *no man's land* conservé dans son intégralité. Voir p. 48.

PERGAMONMUSEUM

Le musée de Pergame doit son nom à l'autel de Zeus reconstitué, présenté aux côtés d'antiquités du Proche-Orient et d'autres merveilles de l'art islamique. L'île des Musées dont il fait partie renferme d'exceptionnelles collections couvrant six mille ans d'histoire de l'art. Voir p. 41.

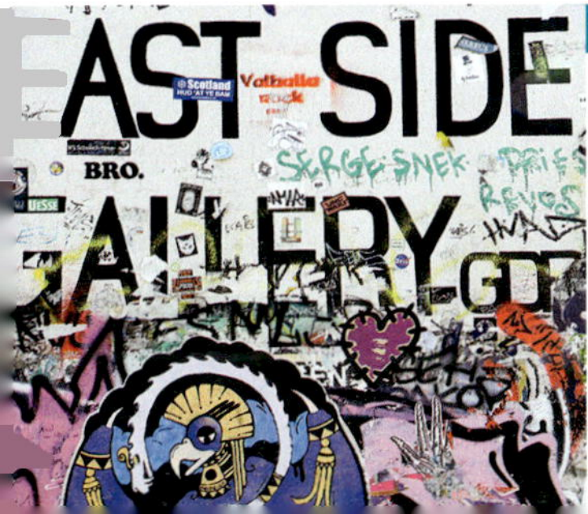

EAST SIDE GALLERY

Vous vous souvenez du baiser de Honecker à Brejnev ? Et de la Trabant défonçant le Mur ? Ces images qui ont fait le tour du monde se trouvaient là, sur la longue fresque peinte à même le Mur quelques mois après sa chute. Elles ont été reliftées en 2009, mais valent encore le détour. Voir p. 93.

TIERGARTEN

Autrefois, on y chassait le cerf et le sanglier. Aujourd'hui, cet immense parc situé au cœur de Berlin est un patchwork de clairières et de lacs qui invitent à la détente : on vient y canoter l'été, patiner l'hiver... Mais ce n'est pas tout... Une surprise de taille vous attend à la lisière sud-ouest : le zoo ! Voir p. 65 et 67.

CHECKPOINT CHARLIE

Même si le soldat n'est aujourd'hui qu'un figurant et la guérite une reconstitution, l'ancien poste-frontière entre Berlin-Ouest et Berlin-Est reste un lieu chargé d'histoire. Pour qui voyageait en train, le contrôle se faisait à l'autre bout de la rue, au Tränenpalast (Palais des Larmes). Voir p. 33.

PORTE DE BRANDEBOURG

Monument emblématique de Berlin érigé à la fin du XVIIIe s., la porte de Brandebourg fut le symbole de la division de la ville, puis de son unité retrouvée. Coiffée d'un quadrige représentant la déesse de la Victoire, elle constitue le dernier vestige des 18 portes originelles de la cité. Voir p. 27.

DENKMAL FÜR DIE ERMORDETEN JUDEN EUROPAS

Principal lieu de commémoration de l'Holocauste en Allemagne, ce site, conçu par Peter Eisenman comme un champ de stèles, a été ouvert au public en 2005. Une déambulation sensible et unique pour chacun, érigée en plein cœur de Berlin. Voir p. 30.

HAMBURGER BAHNHOF

L'ancienne gare reliant Berlin à Hambourg a été transformée en musée d'Art contemporain accueillant de gigantesques installations temporaires dans son hall et présentant les collections renommées d'Erich Marx et Friedrich Christian Flick. Voir p. 28.

SCHLOSS CHARLOTTENBURG

L'ancienne résidence d'été des rois de Prusse et son parc recèlent de nombreux trésors. Que vous aimiez l'architecture baroque, la peinture ou les jardins à la française, prévoyez plusieurs heures et vous serez comblé. Voir p. 71.

KULTURFORUM

Ex-vitrine de l'Ouest berlinois, ce complexe culturel regroupe musées, bibliothèque et salles de concert à deux pas de la Potsdamer Platz. Découvrez l'architecture organique d'Hans Scharoun (Philharmonie, Staatsbibliothek), et ne manquez pas de visiter la pinacothèque (Gemäldegalerie). Voir p. 56.

10 expériences UNIQUES

PIQUER UNE TÊTE DANS LE BADESCHIFF...

... une piscine flottante amarrée sur la Spree (Eichenstrasse 4, F3, U Bhf Schlesisches Tor, www.arena.berlin/veranstaltungsort/badeschiff).

DÉJEUNER AU CŒUR D'UN POTAGER URBAIN...

... et participer à la révolution bio en dégustant un plat concocté dans le Prinzessinnengärten (p. 87).

PARTIR EN VIRÉE AU VOLANT D'UNE TRABANT...

... la mythique voiture de la RDA, qui fut produite en série entre 1958 et 1991. Attention : le maniement du levier de vitesse nécessite un certain doigté (p. 209) !

SE BALADER SUR LE TARMAC D'UN AÉROPORT...

... ou faire du sport sur la piste d'atterrissage de Tempelhof, l'ancien aéroport de Berlin (p. 107).

SE FAIRE UNE TOILE À LA BELLE ÉTOILE...

... dans l'un des nombreux cinémas en plein air ouverts de mai à septembre (www.freiluftkino-berlin.de).

S'OFFRIR UN SAFARI, VERRE EN MAIN...

... au Monkey Bar (p. 151), installé au 10e étage du 25hours Hotel, qui surplombe le zoo de Berlin.

EXPLORER LES SOUTERRAINS DE BERLIN...

... et ressortir avec de passionnantes anecdotes sur l'histoire mouvementée du siècle dernier (Berliner Unterwelten, p. 209).

S'INITIER À L'ART CONTEMPORAIN DANS UN BUNKER...

... de la Seconde Guerre mondiale aménagé en galerie d'art par les Boros, un couple de collectionneurs (Sammlung Boros, p. 47).

PLONGER DANS L'UNIVERS STREET ART...

... en suivant l'une des balades alternatives organisées, en français et en petit groupe, dans l'Est berlinois. Du Teepeeland au RAW-Gelände, le guide connaît les tags sur le bout des doigts (p. 209).

RÉVISER SES PAS DE SWING DANS LA SALLE DES GLACES...

... du Clärchens Ballhaus : le mercredi soir, cette ancienne salle de bal vibre autant que dans les trépidantes années 1920. Une sensation particulière dont Berlin a le secret. Voir p. 148.

Activités
100% BERLINOISES

ALIGNER LES BRASSES

Pour nager, il n'y a pas que le Badeschiff (**p. 10**). Depuis 2016, la **piscine de l'Oderberger Strasse**, classée monument historique, est ouverte au public 5 jours par semaine (**p. 100**). Et celle du **Stadtbad Neukölln** a aussi beaucoup de charme (**p. 108**).

PATINER SUR LA GLACE

Chaque hiver, la Potsdamerplatz accueille une **patinoire** gratuite de 520 m^2, le **Winterwelt,** idéale pour les enfants. Pour enchaîner les pirouettes, l'**Eisstadion Neukölln** est aussi une excellente option (Werner-Seelenbinder-Sportpark Neukölln, Oderstrasse 182, E5, 9h-21h30 ; 3,30 € ; location de patins : 5 € les 2h).

VOGUER SUR LA SPREE

Kanutourist organise régulièrement de belles **balades en kayak** entre Treptow et Charlottenburg (14 km en 5h ; 35 €/pers.).
www.derkanutourist.de
Vous préféreriez quelque chose de moins... musclé ? Optez pour une **croisière** de la compagnie Riedel ! (**p. 209**).

PÉDALER DANS LES BOIS

À Berlin, les pistes cyclables sont légion, mais rien de tel qu'un tour dans la **forêt de Grunewald** (**p. 69 et p. 105**) pour s'oxygéner les poumons. Au départ de la station Ⓢ Grunewald, le circuit de 23 km, bien balisé, ne présente aucune difficulté, et le paysage du côté des lacs Schlachtensee et Krumme Lanke est superbe (accessibles également par le Ⓢ 1 et le Ⓤ 3).

COURIR EN PLEINE NATURE

Le terrain de jeu préféré des joggeurs est le **Tiergarten** (**p. 65**), le plus central de tous les parcs. Si vous séjournez dans l'Ouest berlinois, on vous conseille le parc entrecoupé de canaux du **château de Charlottenburg** (**p. 72**). Côté Est, le **Volkspark Friedrichshain** (**p. 91**) a des pentes plus toniques.

SE LA COULER DOUCE

Vous avez juste envie de ne rien faire ? Allez-vous prélasser au **Liquidrom** (Möckernstrasse 10, D3, Ⓤ Möckernbrücke ou Ⓢ Anhalter Bahnhof, www.liquidrom-berlin.de) ou au **Vabali** (Seydlitzstrasse 6, C2, Ⓤ Hauptbahnhof, www.vabali.de). Ce sont deux spas de rêve, tous deux ouverts t.l.j. de 9h à minuit (25-30 € les 4h).

Un grand week-end SUR MESURE

Première fois à Berlin ?

Nous avons découpé la ville en 16 quartiers. Évidemment, en trois jours, vous ne pourrez pas faire toutes ces balades. Alors suivez notre programme pour voir l'essentiel et prendre le pouls de la ville, et à vous de voir si vous voulez remplacer telle visite par une autre en fonction de vos centres d'intérêt.

PREMIER JOUR

➥ Débutez votre séjour par une immersion dans Mitte, le berceau historique de la ville, de l'île des Musées (quartier 3) à l'Alexanderplatz (quartier 5). Pour profiter d'une vue panoramique sur Berlin, montez en haut de la tour de Télévision (Fernsehturm).

➥ Dirigez-vous ensuite vers l'Auguststrasse (quartier 4) pour déjeuner et flâner quelques heures entre les boutiques et les galeries d'art situées dans les cours intérieures, caractéristiques du quartier.

➥ Vous pourrez ensuite partir vers le nord, direction Prenzlauer Berg (quartier 14), pour découvrir les anciennes fabriques Pfefferberg et Kulturbrauerei reconverties en complexes culturels et festifs, ou emprunter la Karl-Marx-Allee vers l'est pour une nuit de clubbing à Friedrichshain (quartier 13).

Strand Bar Mitte

DEUXIÈME JOUR

➥ Commencez dès le matin par le quartier de la porte de Brandebourg où vous pourrez monter dans la coupole du Reichstag et visiter le mémorial de l'Holocauste (quartier 1). Profitez ensuite de la verdure du Tiergarten (quartier 7), et prenez place au Biergarten Café am Neuen See (p. 66) pour le déjeuner.

➥ Vous pouvez ensuite rejoindre le Zoologischer Garten ou le

Mur de Berlin au Mauerpark

Kurfürstendamm pour une séance de shopping (quartier 9). Mais si vous préférez les musées et l'architecture contemporaine, rendez-vous dans le quartier du Kulturforum et de la Potsdamer Platz, symbole de la réunification de la ville (quartier 6).

➡ Le soleil va bientôt se coucher ? Grimpez au Monkey Bar (p. 151) pour un cocktail avec vue sur Berlin.

TROISIÈME JOUR

➡ Si c'est un dimanche, flânez au marché aux puces de Mauerpark (quartier 14), où vous pourrez aussi assister à des concerts improvisés et manger sur le pouce !

➡ Découvrez ensuite le quartier alternatif de Kreuzberg (quartiers 11 et 12). Déambulez le long de l'agréable canal et, si le temps le permet, faites une pause bio au potager urbain Prinzessinnengärten ou, pieds dans l'eau verre à la main, au Freischwimmer.

➡ Vous n'avez pas encore vu le mur de Berlin ? Direction Friedrichshain (quartier 13) en longeant l'Oberbaumbrücke et rendez-vous à l'East Side Gallery avant de finir la soirée au YAAM (p. 163).

NOS CONSEILS DE VISITE

➡ Réservez impérativement avant votre départ si vous voulez monter dans la coupole du Reichstag (gratuit) ou la Fernsehturm (payant) pour admirer la ville de haut.

➡ Les marchés aux puces sont très nombreux, ouverts en hiver comme en été, mais exclusivement le dimanche.

Déjà venu ?

Vous connaissez déjà les incontournables de Berlin ? Quittez le centre pour explorer d'autres quartiers pleins de surprises.

La forêt de Grunewald et ses lacs

CHARLOTTENBURG, AUTOUR DU CHÂTEAU (QUARTIER 8)

La résidence d'été des rois de Prusse construite dans l'ancien faubourg de Charlottenburg vaut assurément le détour. Pour une journée à travers l'histoire de l'art et de l'architecture, découvrez le château baroque et les merveilles qu'il renferme, mais aussi les musées voisins : le Museum Berggruen abritant de nombreuses toiles de Pablo Picasso et Paul Klee, et le Bröhan-Museum, dédié à l'Art nouveau et l'Art déco. N'oubliez pas entre-temps de profiter du vaste parc du château, entre bosquets et jardin à la française.

DAHLEM (QUARTIER 15)

Le quartier de Dahlem symbolise la campagne dans la ville, tout en regroupant un large campus universitaire et des musées de renom. Les collections du musée des Cultures européennes, notamment, sont conservées ici. Pour profiter de la nature, vous avez le choix entre le jardin botanique (Botanischer Garten) et l'ancien corps de ferme du Domäne Dahlem, fait pour les enfants. À l'entrée de la **forêt de Grunewald,** c'est le Brücke-Museum, dédié au célèbre mouvement expressionniste allemand, qui vous attend.

KINDL

NEUKÖLLN (QUARTIER 16)

Quartier en pleine évolution, c'est le plus en vogue du moment. Commencez par profiter de l'immense terrain de l'ancien aéroport Tempelhof, idéal pour un grand tour à vélo et un pique-nique, ou réservez une visite du bâtiment, symbole de l'histoire allemande. Prenez le temps de flâner sur la Schillerpromenade et dans les rues alentour, entre cafés turcs et boutiques *arty*. Autre passage obligé : le centre d'art contemporain qui s'est installé dans l'ancienne brasserie KINDL, grandiose !

Tempelhof

Fêtes & FESTIVALS 2019

Janvier

Transmediale
Ce festival consacré à l'art et aux technologies numériques s'installe à la maison des cultures du monde de Berlin (HKV), en parallèle du festival Club Transmediale, dédié à la musique électronique.
https://transmediale.de

Février

Berlinale
Le Festival international de cinéma propose plus de 400 films en compétition à Berlin pendant dix jours (p. 168). Pour avoir une place, pensez à réserver dès janvier, bien que la billetterie vende aussi chaque jour des places pour certaines séances.
www.berlinale.de

Mars

MaerzMusik
Le Festival de musique contemporaine est un temps fort du calendrier berlinois : neuf jours de concerts audacieux !
www.maerzmusik.de

Mai

Karneval der Kulturen
Mi-mai, le Carnaval des cultures bat son plein dans le dynamique quartier de Kreuzberg : 4 000 danseurs et musiciens originaires de 80 nations défilent entre Hermannplatz et Yorckstrasse devant 850 000 spectateurs.
www.karneval-berlin.de

Juin

Fête de la musique
Le 21 juin, les rues berlinoises résonnent de concerts gratuits en tout genre : musique classique, jazz, électro...
www.fetedelamusique.de

Citadel Music Festival
De juin à août, l'ancienne citadelle de Spandau devient une immense salle de concerts en plein air. Une programmation éclectique séduisante : on y croise aussi bien de grosses têtes d'affiches (Bob Dylan, Björk, Arctic Monkeys) que des artistes de la nouvelle scène !
www.citadel-music-festival.de

Juillet

Classic Open Air
Gospel, arias, jazz, chorale : durant les premiers jours de juillet, la musique s'en donne à cœur joie et en plein air sur le Gendarmenmarkt.
www.classicopenair.de

Août

Tanz im August
Ce festival de danse contemporaine est le plus important du genre en Allemagne. Il réunit compagnies allemandes et chorégraphes internationaux (Trisha Brown, Lucinda Childs, Olivier Dubois...).
www.tanzimaugust.de

La longue nuit des musées
Le dernier samedi du mois, de 18h à 2h, des bus font la navette entre 80 musées de Berlin qui ouvrent leurs portes aux noctambules (visites guidées, films et concerts).
www.lange-nacht-der-museen.de

Septembre

Musikfest Berlin
Quinze jours durant, les meilleurs orchestres philharmoniques du monde jouent – sous la baguette de Kent Nagano, Michael Tilson Thomas, Sir Simon Rattle et d'autres – Stravinsky, Gershwin, Copland...
www.musikfest-berlin.de

Berliner Festspiele
Cinq semaines de manifestations artistiques et culturelles rassemblant la musique, les arts plastiques et la danse, en collaboration avec les institutions et musées berlinois.
www.berlinerfestspiele.de

Berlin Art Week
Mi-septembre, la ville met l'accent sur l'art contemporain accueillant de nombreuses expositions et foires, notamment Art Berlin Contemporary qui regroupe plus d'une centaine de galeries internationales dans les halles de Station-Berlin, l'ancienne gare postale.
www.artberlin contemporary.com

Marathon de Berlin
Il a lieu le dernier week-end de septembre et rassemble les athlètes les plus rapides du monde. Plusieurs sessions ont lieu pour différentes disciplines : marche rapide, rollers, athlètes handisport, etc.
www.bmw-berlin-marathon.com/en

Oktoberfest
Créé pour concurrencer la fête de la bière de Munich et rappeler l'amour des Berlinois pour cette boisson, l'Oktoberfest ressemble à une grande fête foraine, qui s'étend bien au-delà du Zentraler Festplatz am Kurt-Schumacher-Damm (HP par A2 ; Ⓤ 7 Jakob-Kaiser-Platz puis bus X21, M21, L28), notamment sur l'Alexanderplatz.
http://fr.allexciting.com/oktoberfest-berlin

Octobre

Festival des lumières
Pour célébrer la fête nationale, Berlin se pare de mille couleurs durant une dizaine de nuits : monuments et sites importants sont illuminés. Des feux d'artifice sont aussi au programme. Des circuits sont organisés par l'office de tourisme : LightLiner (bus), LightShip, Light-Cruso (à pied) et Light-Vélo.
http://festival-of-lights.de

Novembre

JazzFest Berlin
C'est au tout début du mois que Berlin devient, pour quatre jours, la capitale du jazz. Les stars de la scène américaine et européenne se produisent dans les clubs A-Trane, Quasimodo...
www.jazzfest-berlin.de

Décembre

Marchés de Noël
On en recense une centaine à travers la ville : certains sont ouverts tous les jours, d'autres (celui de Dahlem) le week-end seulement.
www.weihnachtenin berlin.de

Saint-Sylvestre
Il y a au moins trois façons de célébrer ici la fin de l'année : 1) la course à pied de Grunewald (10 km) ; 2) les concerts du Konzerthaus, du Philharmonie, etc. ; 3) la Silvester Party, une soirée géante qui se tient entre la porte de Brandebourg et la colonne de la Victoire.

1989-2019 : 30E ANNIVERSAIRE DE LA CHUTE DU MUR DE BERLIN

Le 9 novembre 2019, les images de la chute du Mur fêteront leur 30e anniversaire. L'occasion de nombreux événements à travers la ville. À l'heure où nous éditons ce guide, le programme des festivités n'a pas encore été dévoilé. Infos à venir sur : **www.visitberlin.de**

Visites

PAR QUARTIER

Alexanderplatz

À SAVOIR

La Spree et ses bateaux de croisières

VISITER BERLIN

Le **U-Bahn** est le moyen de transport le plus commun, et le **S-Bahn** vous permettra de relier des quartiers éloignés les uns des autres rapidement. Pensez aussi au **Ringbahn** qui fait le tour de Berlin et peut s'avérer très utile. Notez que le réseau est beaucoup moins dense dans les quartiers est de Prenzlauer Berg et Friedrichshain, où vous emprunterez plutôt le tramway. Si le temps le permet, la plus belle façon de découvrir la ville est certainement **à vélo.** Faites comme les Berlinois et empruntez les nombreuses pistes cyclables – restez prudent même si les automobilistes sont très habitués. Mis à part deux ou trois collines, la ville est entièrement plate !

LIRE LES CARTES

Chaque visite est accompagnée d'un plan détaillé sur lequel nous avons placé tous les **points d'intérêt** du quartier. Les **pastilles de couleur** indiquent nos bonnes adresses de **restos,** de **bars** et de **boutiques.** Le numéro de la pastille colorée correspond à celui attribué à chacune des adresses. Reportez-vous au chapitre concerné pour lire la notice de l'établissement.

NOS CONSEILS POUR GAGNER DU TEMPS

Pour un séjour sans encombre, pensez à réserver certaines visites à l'avance. Il est par exemple impossible de visiter la **coupole du Reichstag-Bundestag** sans réservation préalable et la collection d'art contemporain **Sammlung Boros** (deux mois à l'avance), ou de participer à des visites guidées comme celles proposées par Berliner Unterwelten et Berlin MusicTours. Réservez également pour découvrir les coulisses de l'ancien **aéroport Tempelhof** (Tempelhofer Flughafengebäude). Enfin, pour éviter de longues files d'attente, achetez des billets coupe-file pour monter en haut de la **Fernsehturm** et pour les principaux musées nationaux, comme le **Pergamonmuseum** et le **Neues Museum**.

East Side Gallery

UN MUSÉE À CIEL OUVERT

L'histoire est toujours lisible dans les rues de Berlin, et de nombreux sites évoquant la Seconde Guerre mondiale ou la guerre froide se visitent en accès libre : Denkmal für die ermordeten Juden Europas, Topographie des Terrors, Gedenkstätte Berliner Mauer, Checkpoint Charlie, East Side Gallery...

1 Autour de la porte DE BRANDEBOURG

● Restos & bistrots p. 113 ● Bars, clubs & sorties p. 143

Commencez votre balade berlinoise par la célèbre porte de Brandebourg, qui fut longtemps le symbole d'une ville divisée. Aujourd'hui, ce portique néoclassique voisine avec des édifices audacieux, comme ceux du quartier gouvernemental, conçu pour accueillir les institutions de l'Allemagne réunifiée, ou celui de la Gare centrale (Hauptbahnhof), de l'autre côté de la Spree. Pourtant, même dans cet environnement ultra-moderne, le souvenir des guerres et des dictatures n'est jamais bien loin...

❶ PORTE DE BRANDEBOURG★★★

Brandenburger Tor
À présent tournée vers la ville en signe de paix, la porte de Brandebourg servit d'arc de triomphe, sous lequel défilèrent Napoléon en 1806 ou les nazis au soir de la nomination d'Hitler à la chancellerie en 1933, avant d'être fermée par le Mur et de devenir le symbole de la partition de la ville. Édifiée à la fin du XVIIIe s. par Carl Langhans sur le modèle des propylées de l'Acropole d'Athènes, elle est coiffée d'un quadrige.

❷ PARISER PLATZ★

L'ancien « Quarré » dessiné en 1734 fut rebaptisé **place de Paris** en 1819, pour célébrer le traité de Paris qui envoya Napoléon à l'île d'Elbe en 1814. Démolie après la guerre, la place devint un terrain vague traversé par le Mur avant d'être rebâtie en fonction de critères très stricts. Si l'hôtel Adlon et les pavillons situés de part et d'autre de la porte de Brandebourg ont été reconstruits à l'identique, la place est bordée d'édifices modernes telles **l'Académie des arts** au nos 4 et 10 (Akademie der Künste, ☎ 200 57 1000, www.adk.de), au n° 5 **l'ambassade de France** (Portzamparc, 2002, www.ambafrance-de.org) ou au n° 3 la **DZ Bank** (Frank Gehry, 2000).

❸ PLATZ DER REPUBLIK★★

Vaste esplanade paysagère, la **place de la République** s'ouvre devant le Reichstag, au pied duquel un mémorial, réalisé par Dieter Appelt en 1992, rend hommage aux 96 députés assassinés sous le nazisme. À l'extrémité de l'esplanade s'élève la **Chancellerie fédérale,** un bâtiment monumental en béton blanc et pierre de taille, dessiné par Axel Schultes et Charlotte Frank.

❹ REICHSTAG★★★

Construit pour accueillir le **Parlement de l'Empire** fondé en 1871, le Reichstag est le symbole

Reichstag

des vicissitudes de Berlin. Partiellement détruit, puis boudé et enfin rénové, ce bâtiment institutionnel se doit d'être visité pour l'histoire qu'il incarne et la vue qui s'offre depuis sa coupole.

Édifice néobaroque

Dessiné par Paul Wallot et construit entre 1884 et 1894 grâce aux indemnités de guerre versées par la France après la défaite de 1870, le Reichstag est caractéristique du style néobaroque monumental très apprécié sous Guillaume II. Son fronton arbore depuis 1916 la devise *Dem Deutschen Volke* (Au peuple allemand).

Du Reichstag au Bundestag

Siège du Parlement impérial, c'est de son 1er étage que Philipp Scheidemann proclama la république le 9 novembre 1918. Incendié par les nazis en 1933, puis bombardé, il lui faut attendre la réunification pour retrouver son rang institutionnel. Depuis 1999, il abrite le Deutscher Bundestag (Parlement fédéral), Berlin étant redevenue capitale de la République fédérale d'Allemagne en 1990.

Audace et modernité

Reconstruit entre 1957 et 1972, emballé par Christo en 1995, le bâtiment n'avait toujours pas recouvré son dôme, perdu pendant la Seconde Guerre mondiale. L'architecte britannique Norman Foster le transforma entre 1995 et 1999 en le dotant d'une coupole vitrée qui illumine l'horizon berlinois. La salle plénière est éclairée par les 360 miroirs du cône inversé, placé au centre de la coupole.

Platz der Republik 1 • ☎ 22 73 21 52 • www.bundestag.de • T.l.j. 8h-minuit pour la coupole (dernière entrée à 22h) • Accès gratuit sur résa en ligne uniquement • Pièce d'identité obligatoire.

❺ BAND DES BUNDES*

Symbole du rang de capitale retrouvé, le « **Ruban fédéral** » s'étire au bord de la Spree en une succession d'édifices, de cours et de jardins. Outre la Chancellerie, il se compose de deux imposants bâtiments dessinés par Stephan Braunfels, qui unissent symboliquement l'Est et l'Ouest. Longue de 200 m, la **Paul-Löbe-Haus** abrite les quelque 900 bureaux des députés. Une passerelle suspendue la relie à la **Marie-Elisabeth-Lüders-Haus,** de l'autre côté de la Spree, où se trouve la bibliothèque parlementaire.

❻ HAMBURGER BAHNHOF - MUSEUM FÜR GEGENWART***

Musée d'Art contemporain

Achevée en 1847, la gare de Hambourg reliait Berlin au port de Hambourg avant d'être

désaffectée en 1884, puis convertie en musée des Transports jusqu'à la Seconde Guerre mondiale. Propriété de la Reichsbahn est-allemande, elle resta vide avant d'accueillir le premier musée d'Art contemporain de Berlin, connu pour les installations artistiques créées pour son hall gigantesque.

Architecture

L'édifice néoclassique dessiné par Friedrich Neuhaus a été rénové et transformé par l'architecte Josef Paul Kleihues en 1996. Le bâtiment central, coiffé d'une charpente métallique correspondant à l'ancien hall de gare, est parcouru par une galerie à arcades, flanquée de tours d'angle en avancée. Sa façade est éclairée par une installation de néons de l'artiste américain Dan Flavin.

Collection Marx

Présentée dans les ailes du bâtiment, la collection permanente, issue de celle du collectionneur Erich Marx, réunit des œuvres de plusieurs artistes célèbres de la seconde moitié du XXe s. tels que Joseph Beuys, Anselm Kiefer, Andy Warhol et Robert Rauschenberg.

Collection Flick

Jusqu'en 2021, l'industriel Friedrich Christian Flick, propriétaire de l'une des plus riches collections privées du monde, met à disposition du musée environ 2 500 œuvres des XXe et XXIe s. Elles sont installées dans une enfilade d'entrepôts de près de 300 m de long, reliés au bâtiment principal par un passage aux allures de couloir de métro.

Invalidenstrasse 50-51
• ☎ 266 42 42 42 ou 39 78 34 11
• www.smb.museum
• Mar.-mer., ven. 10h-18h, jeu. 10h-20h, sam.-dim. 11h-18h
• Entrée : 10 €.

Denkmal für die Ermordeten Juden Europas

❼ DENKMAL FÜR DIE ERMORDETEN JUDEN EUROPAS★★★

Mémorial aux Juifs assassinés d'Europe ou mémorial de l'Holocauste

En 1999, le Parlement allemand prenait la décision de construire, selon les plans de l'architecte Peter Eisenman, un monument à la mémoire des juifs exterminés entre 1933 et 1945 par les nazis en Allemagne et dans le reste de l'Europe. En surface, un champ composé de 2 711 stèles de béton, creuses, inclinées, de base égale, mais de hauteurs différentes constitue un lieu d'errance pour le visiteur. Situé en sous-sol, le centre d'information présente le génocide d'un point de vue historique, géographique et personnel.

Cora-Berliner-Strasse 1 • ☎ 26 39 43 36 • www.stiftung-denkmal.de • Centre d'information : mar.-dim. 10h-20h (19h oct.-mars, 16h le 31 déc.) • Champ de stèles : t.l.j. 24h/24 • Accès libre.

❽ DENKMAL FÜR DIE IM NATIONALSOZIALISMUS VERFOLGTEN HOMOSEXUELLEN★★

Mémorial aux homosexuels persécutés sous le nazisme

En 2008, trois ans après le mémorial de l'Holocauste, fut inauguré, au milieu des arbres du Tiergarten, face au champ de stèles, un monument dédié aux homosexuels persécutés. Les artistes Elmgreen & Dragset vivant à Berlin ont réutilisé la forme d'une stèle de béton gris inclinée mais décidé d'y intégrer une fenêtre, invitant le visiteur à s'approcher.

Tiergarten/Ebertstrasse • T.l.j. 24h/24 • Accès libre.

❾ DENKMAL FÜR DIE IM NATIONALSOZIALISMUS ERMORDETEN SINTI UND ROMA EUROPAS★★

Mémorial aux Sinti et aux Roms assassinés sous le nazisme

Non loin des deux autres mémoriaux dédiés aux victimes

du nazisme, au flanc sud du Reichstag, se trouve celui érigé à la mémoire des 500 000 Sinti et Roms d'Europe assassinés. Après vingt ans de réflexion et de travail, le projet de l'artiste Dani Karavan voit le jour en 2012. Une entrée étroite vers un large bassin, une fleur fraîche chaque jour et, parfois, des notes de violon...
• Simsonweg/Scheidemannstrasse • T.l.j. 24h/24 • Accès libre.

⑩ SOWJETISCHES EHRENMAL*

Mémorial en l'honneur des soldats soviétiques
Plusieurs monuments ont été érigés en l'honneur des soldats de l'Armée rouge morts pour la libération de Berlin. Celui-ci est peut-être le plus impressionnant de tous, avec sa colonnade flanquée de deux chars russes (les premiers à être entrés dans la ville) et sa statue de 8 m, perchée sur un piédestal tout aussi colossal. Derrière gisent les tombes de 2 500 soldats. Jusqu'en 1990, ce mémorial était une enclave soviétique en secteur britannique.
Strasse des 17. Juni • Accès libre.

⑪ L'AMBASSADE DE RUSSIE*

Édifiée sur Unter den Linden de 1948 à 1953, l'ambassade de Russie est un palais de marbre blanc aux proportions... vraiment monumentales ! Il fait partie de ces édifices qui témoignent du rôle majeur joué par l'Union soviétique pendant près d'un demi-siècle.
Unter den Linden 63-65.

Pause sur le pouce : Café LebensArt

Voici une grande terrasse agréable tout près de la porte de Brandebourg. Autour d'une boisson, d'une glace (boule de glace 2,20 €) ou d'un repas léger, vous pourrez vous détendre et méditer sur l'architecture fonctionnaliste des bâtiments alentour.
● 3 • Unter den Linden 69A • ☎ 44 72 19 30 • www.cafe-lebensart.de • Lun.-jeu. et dim. 9h-21h, ven.-sam. 9h-22h • Soupe maison : 5 €.

2 Le long de la FRIEDRICHSTRASSE

● Restos & bistrots p. 113 ● Bars, clubs & sorties p. 144 ● Boutiques p. 173

La prestigieuse avenue Unter den Linden qui relie la porte de Brandebourg à l'île aux Musées est toujours en travaux. Dommage ! Mais il y a une solution de repli : la moins mondaine Friedrichstrasse qui égrène ses commerces et ses immeubles de bureaux entre Oranienburger Tor et Mehringplatz. Elle est synonyme de shopping – surtout depuis l'ouverture des Galeries Lafayette – mais pas seulement : elle conserve deux lieux de mémoire intéressants, deux anciens points de transit entre Berlin-Est et Berlin-Ouest, Tränenpalast et Checkpoint Charlie, tous deux reconstruits à l'identique.

❶ TRÄNENPALAST**

« Le palais des larmes »
Vous voyez le grand hall vitré qui jouxte le flanc nord de la station Friedrichstrasse ? C'est le poste de douane de la RDA par lequel devaient transiter, de 1962 à 1990, tous ceux qui étaient autorisés à sortir de Berlin-Est par le train. On l'appelle « palais des larmes » *(Tränenpalast)* : un lieu chargé de peurs et d'émotions où les voyageurs étaient contrôlés sans ménagement. L'exposition, à l'intérieur, rend compte de ces expériences frontalières.

Reichstagufer 17 (flanc nord de la station Friedrichstrasse) • ☎ 46 77 77 90 • www.hdg.de • Mar.-ven. 9h-18h, sam.-dim. et j. fériés 10h-18h • Accès libre.

❷ FRIEDRICHSTADT-PASSAGEN*

Ces arcades commerciales séduiront autant les aficionados du shopping que les amateurs d'architecture. Trois « quartiers », qui représentent chacun un pâté de maisons et communiquent entre eux (par le sous-sol), ont été conçus par de grands architectes afin de diversifier le paysage urbain. Doté d'un atrium « rehaussé » d'une compression monumentale de John Chamberlain, le **Quartier 205** est l'œuvre d'Oswald Ungers, qui y a décliné le carré. Imaginé par Ieoh Ming Pei, le **Quartier 206** est plus luxueux et d'inspiration Art déco. Quant au **Quartier 207**, il abrite le magnifique magasin dessiné par Jean Nouvel pour les Galeries Lafayette.

Friedrichstrasse 66-75 • Lun.-sam. 10h-20h.

❸ GENDARMENMARKT**

Cette vaste esplanade, un ancien marché devenu place d'armes et baptisé Gensd'Armes-

Friedrichstadtpassagen

Gendarmenmarkt

Markt en 1736, est assurément l'ensemble néoclassique le plus harmonieux de la ville. Les églises apparemment jumelles furent édifiées sous Frédéric Ier, l'une pour les protestants français **(Französischer Dom),** l'autre pour les protestants allemands **(Berliner Dom).** Au centre s'élève l'imposant **Konzerthaus** (p. 144) construit par Schinkel en 1821. La place devient le décor d'un grand marché de Noël (www.gendarmenmarktberlin.de) entre fin novembre et fin décembre chaque année.

❹ CHECKPOINT CHARLIE ET MAUERMUSEUM***

Point de passage entre les secteurs américain et soviétique pendant la guerre froide, **Checkpoint Charlie** était le poste-frontière le plus connu de Berlin et constitue l'un des symboles les plus émouvants du Mur. Aujourd'hui, cette guérite est le décor de selfies

Détail du panorama DIE MAUER

Pause design : Westberlin

Dans ce café, les visiteurs côtoient étudiants et travailleurs penchés sur leurs ordinateurs portables, tandis que les tables dépareillées s'encanaillent avec des chaises emblématiques du design telle la DSW. Dans l'assiette, des classiques de la petite restauration variés et sains (salade-quiche 4,50-6,50 €). Au fond, autour de la vaste table d'hôtes blanche, une sélection pointue de magazines de mode et design à consulter sur place ou à acheter.

10 • Friedrichstrasse 215 • ☎ 25 92 27 45 • www.westberlin-bar-shop.de • Lun.-ven. 8h30-19h, sam-dim. 10h-19h.

réunissant touristes et gardes factices en uniformes, sur fond de McDonald's et de boutiques de souvenirs. Plus intéressant, la **Haus am Checkpoint Charlie – Mauermuseum** (musée du Mur) retrace la vie de Berlin à l'époque du Mur. En dévoilant notamment de nombreux témoignages de citoyens de l'ex-RDA ayant risqué leur vie pour franchir la frontière par tous les moyens, l'exposition illustre l'ingéniosité sans faille qu'ils développèrent pour retrouver leur liberté.

Friedrichstrasse 43-45 • ☎ 25 37 250 • www.mauermuseum.de • T.l.j. 9h-22h • Entrée : 14,50 € ; audioguide : 5 € • Résa possible sur le site internet.

❺ DIE MAUER – ASISI PANORAMA**

Yadegar Asisi, un artiste viennois établi à Berlin depuis 1979, peint des panoramas sur toile : de grands trompe-l'œil hyperréalistes de 60 m de long, qui ont le don de recréer une atmosphère, un lieu ou un événement particulier. Celui-ci vous (re)plonge du côté de la Sebastianstrasse, un jour ordinaire de novembre dans le Berlin des années 1980. Montez sur la plate-forme et longez des yeux le Mur : frisson garanti !

Friedrichstrasse 205 • ☎ 341 355 534-0 • www.die-mauer.de • T.l.j. 10h-18h • Entrée : 10 €.

Berlin, capitale tourmentée

En 1803, quand Stendhal écrit : « Je ne sais qui a donné l'idée de planter une ville au milieu de ce sable », Berlin est encore loin d'égaler Vienne, Paris et Londres. Moins d'un siècle plus tard, la ville jouit d'un prestige incontesté, qui connaît son apogée dans les années 1920. Détruite, occupée puis divisée, elle perd tout après la guerre et doit attendre un demi-siècle pour retrouver son statut de capitale et prendre un nouveau départ.

CAPITALE ROYALE PUIS IMPÉRIALE

En 1701, l'Électeur Frédéric III de Brandebourg devient **roi de Prusse** sous le nom de **Frédéric Ier** et s'installe avec sa cour à Berlin. La petite ville provinciale, capitale de l'électorat le plus pauvre d'Allemagne depuis 1415, devient royale et se pare d'**édifices baroques.** Stimulée par une habile politique d'immigration, la population s'accroît et la ville s'étend, puis s'orne de bâtiments **néoclassiques** sous **Frédéric II.** Berlin s'industrialise et continue de s'étendre au siècle suivant, avant de devenir, en 1871, la **capitale impériale** d'une **Allemagne unifiée par Guillaume Ier et Bismarck.** Commence alors le « temps des fondateurs » (*Gründerjahre*), qui voit Berlin se couvrir d'imposants édifices à l'architecture éclectique, notamment autour du Kurfürstendamm.

LES GOLDENE ZWANZIGER

Après la défaite de 1918 et la révolution de 1919, Berlin connaît un **bref âge d'or** qui bouleverse toutes les valeurs et invente une culture du plaisir. Théâtres, cinémas, cafés, cabarets, bars et clubs illuminent les nuits berlinoises. Au Romanisches Café, sur le Kurfürstendamm, l'avant-garde artistique et intellectuelle donne le ton et, pour la première fois, le cœur de la capitale bat à l'ouest. Parallèlement naît une ville moderne avec la création du **« Grand Berlin »** (1920), qui rassemble près de quatre millions d'habitants sur 800 km², et la construction de grands ensembles à la périphérie, comme Siemensstadt (1928), à Charlottenburg. Après la crise de 1929, l'arrivée d'Hitler au pouvoir en 1933 met un terme brutal à ces Années folles.

LA VILLE DU MUR

Mauermuseum

À la fin de la dernière guerre, l'ampleur des destructions offre un spectacle désolant. Il faut déblayer et reconstruire une ville divisée en quatre secteurs d'occupation par des Alliés que tout oppose très rapidement. En 1948, un gigantesque **pont aérien** de plusieurs mois permet aux Occidentaux de résister au blocus de la ville par les Soviétiques. La **RDA,** proclamée en 1949, suspend peu à peu ses communications avec l'Ouest et, pour endiguer l'**exode** de sa population, édifie **dans la nuit du 12 au 13 août 1961 un mur** qui encercle Berlin-Ouest sur une longueur totale de 156 km (à elle seule, la ligne de démarcation qui sépare Berlin-Est de Berlin-Ouest mesure 44 km !). Construit avec des plaques en béton d'environ 4 m de hauteur, il est renforcé, côté est, par des clôtures de contact, un chemin de ronde de 6 à 7 m de large, des fossés antivéhicules et antichars, 302 miradors et 20 bunkers (une maquette de ce « couloir de la mort » est exposée au **DDR Museum,** p. 55). Cette construction insensée, symbole de la guerre froide, sépare du jour au lendemain des familles entières, des voisins et des collègues.

UNE NOUVELLE ANCIENNE CAPITALE

Pendant près de trente ans, le Mur réduit Berlin à deux villes ennemies, dont l'une est une île et l'autre, une prison. Drame humain, la partition est aussi une catastrophe politique et économique, car Berlin-Ouest et Berlin-Est sont devenus des vitrines qui évoluent de façon autonome, sans presque aucun contact. Dans les années 1980, la **glasnost** venue de Moscou annonce un changement qui se concrétise le **9 novembre 1989,** quand la RDA décide l'**ouverture des frontières.** Le Mur n'y résiste pas, et l'histoire s'accélère : le **3 octobre 1990,** l'Allemagne fête à Berlin sa **réunification** et, le 21 juin 1991, Berlin retrouve son statut de capitale. Depuis, institutions gouvernementales, ministères, représentations des Länder et ambassades ont regagné Berlin, qui se métamorphose pour faire face à de nouveaux défis.

3 L'île des Musées (MUSEUMSINSEL)

● Restos & bistrots p. 117 ● Bars, clubs & sorties p. 144 ● Boutiques p. 173

Un complexe muséographique exceptionnel vous attend à la pointe nord de l'île où les rois de Prusse avaient leur château. Cinq musées au total, édifiés au fil du XIXe s., malmenés par la guerre et par la partition de Berlin, mais tous rénovés désormais et inscrits au Patrimoine mondial de l'Humanité. Au menu ? des antiquités babyloniennes, un buste de la reine Néfertiti, des trésors de l'âge du bronze et des chefs-d'œuvre de Caspar David Friedrich. Le nouveau château, tout juste reconstruit presque à l'identique, vous réserve lui aussi de splendides collections, en accueillant fin 2019 le vaste complexe culturel et muséal Humboldt Forum.

❶ HUMBOLDT BOX / BERLINER SCHLOSS*

Vous avez devant vous le nouveau **château de Berlin** (Berliner Schloss) reconstruit à l'emplacement du Palast der Republik – le « Palais de la République » (démoli en 2006-2008) que les autorités est-allemandes avaient érigé en 1950 sur les ruines de l'ancien château des rois de Prusse, bombardé en 1945. Revanche sur l'histoire ou aberration architecturale, ce bâtiment très onéreux, assez controversé et incompris d'une partie de la population, **ouvrira ses portes au public fin 2019** sous le nom de **Humboldt Forum** pour accueillir 1 000 manifestations par an et une partie des riches collections conservées jusqu'en 2018 à Dahlem : arts d'Extrême-Orient, d'Océanie, etc. En attendant son inauguration, une structure provisoire, la **Humboldt Box,** retrace les étapes de ce titanesque chantier de reconstruction. Montez jusqu'au toit pour la vue sur l'île des Musées !

Humboldt Box : Schlossplatz 5 • ☎ 290 27 82 48 • www.humboldt-box.com • T.l.j. 10h-19h (18h déc.-fév.) • Accès libre

Humboldt Forum : infos sur www.humboldtforum.com

❷ BERLINER DOM**

Cathédrale de Berlin

Afin de donner plus d'éclat à sa capitale, Guillaume II chargea

Berliner Dom

Julius Raschdorff de remanier la cathédrale baroque de Frédéric II. L'édifice monumental qui en résulta plut à l'empereur : voyez le porche occidental et la riche ornementation intérieure. Grimpez en haut de la coupole : la vue sur Berlin récompensera vos efforts.

Am Lustgarten • ☎ 202 69 136 • www.berlinerdom.de • Lun.-sam. 9h-20h, dim. 12h-20h (19h oct.-mars), dern. entrée 1h avant fermeture • Entrée : 7 € • Concerts (Haydn, Bach...) : de 20 à 30 €.

❸ ALTES MUSEUM**

Premier musée inauguré à Berlin en 1830, l'« **Ancien Musée** », dessiné par Schinkel, fut conçu pour présenter au public les collections des Hohenzollern. Son architecture néoclassique se caractérise par un imposant portique, soutenu par 18 colonnes de style ionien et, à l'intérieur, par une salle en rotonde entourée d'une colonnade. Il abrite désormais une vaste collection d'antiquités gréco-romaines et étrusques.

Am Lustgarten • ☎ 266 42 42 42 • www.smb.museum • Mar.-dim. 10h-18h (20h jeu.) • Entrée : 10 €.

❹ NEUES MUSEUM**

Lorsqu'il a ouvert ses portes en 1859 pour seconder l'Ancien Musée (Altes Museum) très fréquenté, le **Nouveau Musée,** conçu par Friedrich August Stüler dans le style néoclassique, était à la pointe de la muséographie. C'est de nouveau le cas depuis 2009 grâce à l'architecte David Chipperfield, qui l'a restauré de main de maître, depuis les salles voûtées du sous-sol, jusqu'au 3e étage, des collections pré- et protohistoriques en passant par l'Égypte antique.

Préhistoire et protohistoire

Ce sont 6 000 objets archéologiques découverts en Europe et dans une partie de l'Asie qui sont réunis ici du rez-de-chaussée au deuxième niveau. La pièce la plus étonnante ? Le ***Berliner Goldhut*** de la salle 305, un cône gravé d'énigmatiques motifs évoquant un calendrier solaire. On pense que ce haut chapeau en or, aussi fin qu'une feuille de papier, était porté lors de cérémonies au IXe s. av. J.-C.

Collections égyptiennes

Le Musée égyptien présente quatre millénaires d'histoire de l'Égypte antique et des cultures nubiennes, à travers des objets, statues, bas-reliefs et autres merveilles. La visite se termine par la bibliothèque de l'Antiquité, contenant une impressionnante sélection de textes religieux et d'œuvres littéraires inscrits en différentes langues, sur papyrus, cuir, parchemin, textile ou tablettes de cire.

Néfertiti

L'œuvre la plus célèbre du musée a droit à une salle pour elle toute seule (s. 210) ! Il s'agit du buste de Néfertiti (en allemand, *Nofretete*), épouse d'Akhenaton et reine de la XVIIIe dynastie (vers 1340 av. J.-C.). Il aurait été réalisé par Thoutmôsis, artiste de la Cour. Les analyses ont révélé qu'il est revêtu d'une fine pellicule de gypse ; quant à son œil droit, il est en cire et cristal de roche.

Bodestrasse 1-3 • ☎ 266 42 42 42 • www.smb.museum • T.l.j. 10h-18h (20h jeu.) • Entrée : 12 €.

❺ ALTE NATIONALGALERIE**

Ouverte en 1876, restaurée en 2002, l'**Ancienne Galerie nationale,** conçue par Stüler, est consacrée à la sculpture néoclassique et à la peinture du XVIIIe au début du XXe s. On peut y admirer notamment des œuvres réalistes signées Courbet, Goya et Constable, un excellent panorama de la peinture allemande (Caspar David Friedrich, Adolph Menzel et Max Liebermann, entre autres), ainsi que

plusieurs toiles impressionnistes françaises au 2e étage.

Une collection à l'épreuve du nazisme

Jusqu'en 1938, l'Ancienne Galerie nationale était l'une des plus riches collections de peinture et sculpture européennes du XIXe s. Les nazis, qui y voyaient de « l'art dégénéré », ont confisqué beaucoup de ses tableaux. D'autres ont brûlé en 1945, lors de l'incendie du bunker où on les avait entreposés. Il reste cependant de vraies merveilles.

Réalisme

Le rez-de-chaussée est consacré aux différentes facettes de la peinture réaliste qui, en Allemagne, avait pour chef de file un contemporain de Courbet, Adolph von Menzel (1815-1905), aussi habile à décrire la vie à la cour de Frédéric II de Prusse que l'industrialisation et le monde ouvrier. *Le Laminoir* (1875), salle 1.13, est un bel exemple de son talent.

Caspar David Friedrich

Point fort du musée, l'inventeur de la peinture romantique, Caspar David Friedrich (1774-1840), est représenté par une série de chefs-d'œuvre emplis de mélancolie et de silence. Les toiles *Moine au bord de la mer* de 1810 et *L'Arbre solitaire* de 1822 sont notamment exposées.

Bodestrasse 1-3 • ☎ 266 42 42 42 • www.smb.museum • Mar.-mer. et ven.-dim. 10h-18h, jeu. 10h-20h • Entrée : 10 €.

❻ PERGAMON-MUSEUM★★★

Musée de Pergame

Cet incroyable édifice, le plus impressionnant de l'île des Musées, doit sa célébrité aux reconstructions grandeur nature qu'il présente – dont l'autel de Pergame auquel il doit son nom. Une chose est sûre, ses trésors ne laissent pas de marbre. Ce fabuleux musée abrite des œuvres à couper le souffle.

Collection antique

Joyau de cette collection de monuments et de sculptures grecs reconstitués, **l'autel de Pergame**, du IIe s. av. J.-C., **(fermé au public jusqu'en 2020)**, est orné d'une frise hellénistique de 120 m racontant le combat mythologique des dieux et des géants. Plus loin, vous trouverez la porte de l'agora de Milet, merveille d'architecture romaine taillée dans le marbre en 165 apr. J.-C.

Antiquités du Proche-Orient

Ce musée présente les milliers d'objets provenant des fouilles allemandes de grands sites archéologiques du Proche-Orient, notamment en Irak. Difficile de ne pas être impressionné, entre autres, par les reconstitutions de la magnifique porte d'Ishtar ou de la voie des Processions de Babylone, construites au VIe s. av. J.-C. sous le règne de Nabuchodonosor II.

Art islamique

Au 1er étage, découvrez les nombreuses pièces (tapis, miniatures, calligraphies) qui retracent l'histoire de l'art islamique. Côté reconstitution, vous pourrez admirer la façade du palais jordanien de Mchatta (VIIIe s.) ou encore la célèbre Chambre d'Alep (1603), offerte en 1903 à Guillaume II, ornée de boiseries somptueuses.

Bodestrasse 1-3 • ☎ 266 42 42 42 • www.smb.museum • Lun.-mer. et ven.-dim. 10h-18h, jeu. 10h-20h • Entrée (résa obligatoire sur le site) : 12 € • Exposition Das Panorama + musée : 19 €.

7 BODE-MUSEUM★★

Construit de 1897 à 1904 à l'initiative de Wilhelm von Bode – l'un des directeurs généraux des Musées de Berlin les plus marquants –, cet édifice néobaroque surmonté d'une coupole épouse la pointe de l'île. Son musée présente le cabinet des Monnaies et des Médailles, un bel ensemble de retables et de sculptures, et une remarquable collection d'art byzantin.

Am Kupfergraben 1 • ☎ 266 42 42 42 • www.smb.museum • Mar.-mer. et ven.-dim. 10h-18h, jeu. 10h-20h • Entrée : 12 €.

Deutsches Historisches Museum

Pause muséale : Café im Zeughaus

Le café plutôt spacieux du DHM a deux atouts : on n'a pas besoin du ticket du musée pour y entrer et on y décroche assez facilement une table en dehors des heures de pointe. Un cadre sympa pour grignoter un risotto végétarien ou une tarte flambée poires et lardons. Côté boissons, le choix est large : ils servent même le *pharisäer* des îles de la Frise, ce fameux café au rhum dissimulé derrière une couche de crème.

● 12 • **Unter den Linden 2 (accès possible depuis le quai Am Kupfergraben) • ☎ 206 427 44 • www.dhm.de • T.l.j. 10h-18h • Thé : 3,40 € ; plat du jour : 13 €.**

❽ DEUTSCHES HISTORISCHES MUSEUM★★

Le **musée de l'Histoire allemande** occupe l'ancien arsenal royal, soit le plus vieil édifice d'Unter den Linden et l'une des plus belles réalisations baroques de Berlin. Il offre un voyage encyclopédique dans 1 500 ans d'histoire, illustrés par 7 000 objets. L'institution a été complétée en 2003 par un bâtiment de l'architecte Ieoh Ming Pei, dédié aux expositions temporaires.

Arsenal (*Zeughaus*)

Son portail principal est surmonté de quatre figures allégoriques qui symbolisent la physique, la mécanique, les mathématiques et la pyrotechnie. Les autres décorations de la façade sont l'œuvre d'Andreas Schlüter, auteur également des 22 masques de guerriers mourants qui ornent la cour intérieure, coiffée par Pei d'une coupole de verre.

Nouveau bâtiment

Réalisé par Pei entre 1999 et 2003 en pierre blonde et en verre, il est situé au nord de l'Arsenal, relié à ce dernier par un passage souterrain. La partie dévolue aux expositions temporaires en présente six par an, développant des problématiques contemporaines et historiques de la société allemande.

Collection

Installée au 1er étage de l'Arsenal, la collection permanente retrace l'histoire de l'Allemagne du Moyen Âge à la fin du XXe s., au travers de nombreux documents, objets, témoignages et œuvres d'art. Saint Empire, Réforme, guerre de Trente Ans, guerres mondiales : elle retrace les différentes époques de façon chronologique et aborde tous les événements qui ont marqué l'histoire du pays.

Unter den Linden 2 • ☎ 20 30 40 • www.dhm.de • T.l.j. 10h-18h (f. 24 déc.) • Entrée : 8 €.

4 Autour de L'AUGUSTSTRASSE

● Restos & bistrots p. 117 ● Bars, clubs & sorties p. 146 ● Boutiques p. 174

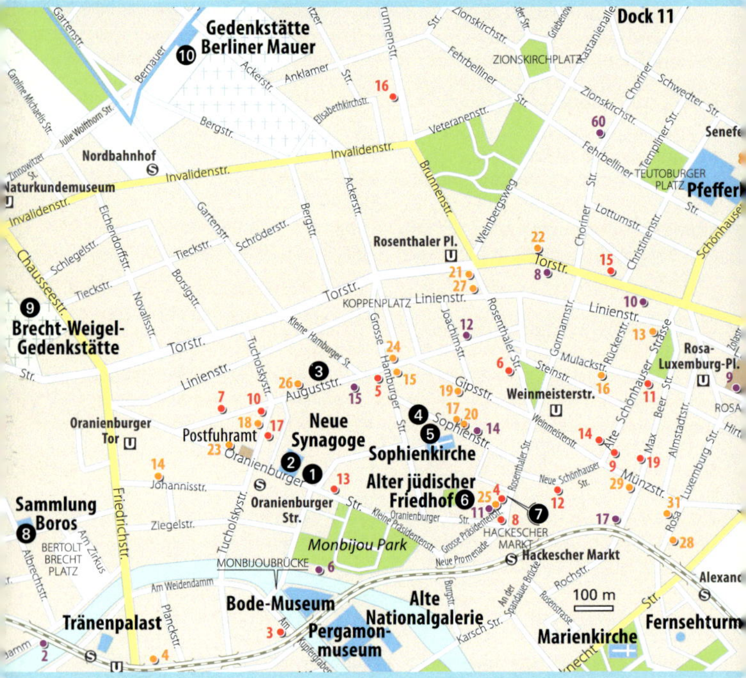

Anciennement nommée « quartier des Granges » (Scheunenviertel), cette zone de Mitte devint l'un des principaux quartiers juifs de Berlin, puis fut laissée à l'abandon après la guerre par le régime est-allemand. Prisé du mouvement alternatif et des artistes à la chute du Mur, le quartier fut progressivement restauré, accueillant galeries d'art et restaurants branchés, notamment au cœur de ses nombreuses arrière-cours.

❶ KUNSTHOF*

L'Oranienburger Strasse conserve plusieurs immeubles du XIXe s., auxquels le passant ne prête pas toujours attention. C'est dommage, car certains sont encore assez séduisants, comme le n° 27, construit en 1840 et décoré par des élèves de l'architecte Karl Bötticher. Sa jolie **cour intérieure**, que l'on appelle « Kunsthof », accueille quelques galeries d'art. Vous pourrez également vous attabler en terrasse.

Entrée par l'Oranienburger Strasse 27 • www.kunsthof-berlin.de • Mar.-sam. 12h-18h.

❷ NEUE SYNAGOGE**

De style néobyzantin-mauresque, la plus grande synagogue de Berlin fut édifiée par Stüler sur des plans de Knoblauch. Inaugurée en 1866 en présence de Bismarck, elle pouvait accueillir 3 000 fidèles et symbolisait l'émancipation des juifs berlinois. Incendiée lors de la Nuit de cristal (du 9 au 10 novembre 1938), détruite par les bombes en 1943, elle fut démolie en 1958. La façade et la coupole ont été reconstruites en 1991. Le Centrum Judaicum y présente des expositions sur l'histoire de la synagogue et de la culture juive.

Oranienburger Strasse 28-30 • ☎ 880 28 316 • www.centrumjudaicum.de • Avr.-sept. : lun.-ven. 10h-18h, dim. 10h-19h ; oct.-mars : dim.-jeu. 10h-18h, ven. 10h-15h • Entrée : 7 €.

Neue Synagoge

❸ ME COLLECTORS ROOM**

Voici un lieu pas banal ! Ni musée ni galerie, cet espace, conçu par les architectes Düttmann & Kleymann, s'intéresse aux collectionneurs. À commencer par Thomas Olbricht (né en 1948), qui y présente son cabinet de curiosités : des œuvres de la Renaissance, mais aussi du XXe s., signées Eric Fischl, Cindy Sherman... Les autres expos, temporaires, donnent parfois carte blanche à un collectionneur étranger.

Auguststrasse 68 • ☎ 86 00 85 10 • www.me-berlin.com • Lun. et mer.-dim. 12h-18h • Entrée : 8 €.

❹ SOPHIENSTRASSE*

Une impression de sérénité se dégage de cette charmante rue bordée de jolies maisons des XVIIIe et XIXe s., l'une des premières où les autorités est-berlinoises choisirent de restaurer les édifices existants plutôt que de construire des logements neufs. On y découvre de nombreuses cours en enfilade, telles celles du n° 18 qui s'ouvrent sur un beau portail décoré de terre cuite et qui abritent le Sophiensaele (p. 148) ou celle du n° 22A avec son coquet jardinet.

❺ SOPHIENKIRCHE*

Entourée d'un paisible jardin ombragé où se dressent quelques tombes éparses, l'**église Sainte-Sophie** fut construite en 1712 à l'initiative de Sophie-Louise, troisième épouse du Grand Électeur. De style baroque, elle domine le quartier de son clocher. Remaniée à la fin du XIXe s., elle a conservé une grande partie de sa décoration d'origine, notamment une jolie chaire et un buffet d'orgue de 1790.

Grosse Hamburger Strasse 29-30 • ☎ 30 87 920 • Lun.-sam. 13h-18h ; f. dim. sauf office.

Pause *arty* : Café Bravo

Véritable sculpture de verre et d'acier née de l'imagination du designer américain Dan Graham, ce café élégant au décor minimaliste voisine avec le célèbre Kunst-Werke, institut d'art contemporain (mer.-lun. 11h-19h, jeu. 11h-21h). Tout en goûtant un New York cheesecake (3,50 €), vous pourrez méditer sur ses expositions avant-gardistes, puis découvrir les nombreuses galeries du quartier.

● 26 • Auguststrasse 69 • ☎ 23 4577 77 • Lun.-mer. et ven. 9h-20h, jeu. et sam. 9h-2h, dim. 10h-20h.

❻ ALTER JÜDISCHER FRIEDHOF*

Vieux cimetière juif

C'était le premier cimetière juif de Berlin. Dévasté par les nazis en 1943, il ne compte plus aujourd'hui qu'une quinzaine de sépultures et quelques pierres tombales dont celle, reconstituée, du philosophe Moses Mendelssohn. Près de l'entrée, une plaque rappelle la déportation des juifs berlinois. Sur le trottoir d'en face, l'artiste Christian Boltanski invite lui aussi les passants à se souvenir : sur les murs d'une maison détruite pendant la guerre (la « maison manquante »), il a apposé les noms de ses anciens occupants.

Grosse Hamburger Strasse 26
• Lun.-jeu. et dim. 8h-16h, ven. 7h30-14h30
• Accès libre (les visiteurs doivent se couvrir la tête).

❼ HACKESCHE HÖFE**

Il est des endroits dont rien ne peut altérer le charme. Tel est le cas de cet immense complexe architectural constitué d'une succession de cours intérieures et devenu l'un des lieux les plus touristiques de la capitale, avec ses cafés et ses restaurants, ses boutiques et ses salles de spectacle. Dotée d'un décor Jugendstil de tuiles vernissées, la première cour (1907) est sûrement la plus pittoresque. Prenez le temps de flâner de cour en cour et laissez le charme opérer.

Angle Rosenthaler Strasse 40-41 et Orienburger Strasse
• www.hakesche-hoefe.de

❽ SAMMLUNG BOROS**

À la recherche d'un lieu pour exposer sa **collection d'art contemporain**, le couple Boros

Gedenkstätte Berliner Mauer

a investi un vestige géant de la Seconde Guerre mondiale : un **bunker.** Utilisé, entre autres, pendant la seconde partie du XXe s. comme lieu de stockage de fruits et légumes et comme club techno, cet écrin en béton armé est un concentré d'histoire. Un passé que les jeunes guides transmettent avec passion, tout en partageant leur connaissance des œuvres (Olafur Eliasson, Ai Weiwei, Wolfgang Tillmans...).
Reinhardtstrasse 20 • ☎ 27 59 40 65 • www.sammlung-boros.de • Visite guidée jeu.-dim. (allemand ou anglais), durée 1h30 • Résa indispensable en ligne, le plus tôt possible • Entrée : 15 €.

❾ BRECHT-WEIGEL-GEDENKSTÄTTE*

Maison Brecht-Weigel

En 1928, en créant *L'Opéra de quat'sous* au Berliner Ensemble (Bertolt-Brecht-Platz 1), Brecht inventait le « théâtre épique ». Vingt ans plus tard, en 1949, après le succès de *Mère Courage et ses enfants*, Brecht prenait la direction du théâtre. Un peu plus loin, la maison où il vécut ses dernières années avec son épouse Hélène Weigel est devenue un musée. Le couple repose dans le cimetière voisin, à gauche de l'entrée.
Chausseestrasse 125 • ☎ 200 57 18 44 • www.brecht-museum.de • Mar. 10h-11h30 et 14h-15h30, mer. et ven. 10h-11h30, jeu. 10h-11h30 et 17h-18h30, sam. 10h-12h et 13h-15h30, dim. 11h-18h ; visite toutes les 30 min (toutes les heures dim.) • Résa obligatoire par mail : brechtweigelgedenkstaette@akd.de, choisir le créneau et l'indiquer dans le mail • Entrée : 5 €.

❿ GEDENKSTÄTTE BERLINER MAUER***

Mémorial du mur de Berlin

Le 13 août 1961, subitement coupée en deux par le Mur comme de nombreuses rues berlinoises, la Bernauer Strasse fut dans les années qui suivirent le théâtre de scènes déchirantes. On y trouve aujourd'hui un mémorial composé d'un centre d'accueil des visiteurs, d'un centre de documentation et d'une exposition aménagée en extérieur sous la forme d'une coulée verte à l'emplacement même de l'ancien no man's land. Des documents d'archives, notamment des vidéos et des témoignages audio, évoquent les conséquences du Mur sur la vie des habitants de Berlin-Est et la façon dont certains essayèrent de le franchir par tous les moyens.

Bernauer Strasse 111-119 • ☎ 467 98 66 66 • www.berliner-mauer-gedenkstaette.de/fr • Centre de documentation : t.l.j. 10h-18h ; expo t.l.j. 8h-22h • Accès libre.

Pause asiatique : Cô Cô

Coqueluche des Berlinois en quête de rapidité et de produits sains : le *bánh mi*. Encas de rue traditionnel vietnamien, il se compose d'une baguette croustillante garnie à la minute de légumes marinés, d'herbes fraîches et de viandes (à partir de 5,50 €). Né à Saïgon, le propriétaire Anh Vu Dang a emporté une recette secrète de l'incontournable mayonnaise, transmise par sa tante (*Cô* en vietnamien), à laquelle il dédie son agréable snack aux tables de bois sombre. Au menu, vous trouverez également des omelettes *(bánh xéo)* vietnamiennes et des salades.

● 27 • Rosenthalerstrasse 2 • ☎ 55 47 51 88 • www.co-co.net • Lun.-jeu. 11h-22h, ven.-sam. 11h-23h, dim. 12h-23h.

Art et avant-garde

En 1871, malgré un premier âge d'or sous le règne de Frédéric II, Berlin n'est pas encore un haut lieu de l'art, « seulement » une métropole industrielle et politique. Avec la fondation de l'empire, tout change à une vitesse vertigineuse et, en quelques années, la capitale allemande devient un pôle artistique de premier plan. Interrompu par le nazisme, paralysé par la guerre froide, ce rayonnement exceptionnel redevient une réalité.

LA RÉVOLTE PICTURALE

En 1898, en rupture avec le conservatisme et l'autoritarisme de Guillaume II, une soixantaine de peintres et de sculpteurs, parmi lesquels **Max Liebermann** et **Käthe Kollwitz**, décident de faire **« sécession »** et de présenter leurs œuvres hors des circuits officiels. Ouverte à toutes les tendances, notamment à l'impressionnisme et au réalisme, **la Sécession berlinoise prône la liberté** et présente sa première exposition dès l'année suivante. Rejoint par de nombreux artistes, rapidement soutenu par un réseau de galeries et par la **revue *Kunst und Künstler*** (Art et Artistes), le mouvement place pour la première fois Berlin à l'avant-garde artistique allemande. Formée dans la contestation de la norme, la Sécession connaît à son tour une scission, avec le départ des peintres expressionnistes. Très coloré, parfois caricatural et violent, l'**expressionnisme** exprime une critique radicale de la société. Né à Dresde en 1904, le mouvement expressionniste **Die Brücke** (Le Pont) s'installe à Berlin en 1911, où il est soutenu par la **revue *Der Sturm*** (La Tempête), qui défend également le **cubisme,** le **futurisme** et le **constructivisme.** Ce bouillonnement sans précédent, qui attire à Berlin des artistes de toutes nationalités, s'étend aussi à l'architecture, avec le Jugendstil (déclinaison allemande de l'Art nouveau), ainsi qu'au théâtre et à la littérature.

Molecule Man

En s'éloignant un peu vers l'est, installée sur les bords de la Spree, vous ne manquerez pas le ***Molecule Man*** (1999), scupture contemporaine aux dimensions colossales (30 m de hauteur !), œuvre de **Jonathan Borosky,** qui symbolise la jonction entre les trois anciens arrondissements de Kreuztberg, Friedrichshain et Treptow, auparavant séparés par le Mur.

L'ENGAGEMENT POLITIQUE

Dans les années 1920, face à la réalité façonnée par la défaite et par les troubles politiques et sociaux qui s'ensuivent, la plupart des artistes installés à Berlin deviennent des acteurs de la société en s'inscrivant dans une démarche politique. En peinture, la **Nouvelle Objectivité** *(Neue Sachlichkeit)*, un mouvement qui réunit **Otto Dix, Georg Grosz** et **Max Beckmann,** exprime une vision radicale et cynique de la société en représentant froidement la réalité. Au théâtre, **Max Reinhardt, Erwin Piscator** et **Leopold Jessner** révolutionnent la mise en scène et initient un **théâtre** populaire à la fois politique et social. Ce théâtre engagé ouvre la voie à **Bertolt Brecht,** dont l'***Opéra de quat'sous*** triomphe en 1928. En architecture, l'école du **Bauhaus** aspire à promouvoir une vie saine, en harmonie avec l'environnement. Rejetant l'historicisme et les *Mietskasernen* (Casernes locatives) du siècle précédent, elle prône un habitat social de qualité et privilégie une architecture fonctionnaliste. De nouveaux programmes de construction de lotissements voient ainsi le jour, telle la « ville nouvelle » de Siemensstadt, à laquelle participent notamment **Walter Gropius** et **Hans Scharoun.**

Berlinische Galerie

L'ART CONTEMPORAIN AU MUSÉE

Depuis la réunification, il existe une réelle volonté politique de promouvoir l'art contemporain. Berlin s'est ainsi doté de deux grands musées, la **Hamburger Bahnhof** (p. 28) et la **Berlinische Galerie** (p. 83), mais aussi, dès 1995, d'une importante foire d'art contemporain, **Art Berlin Contemporary** (p. 21), qui se tient chaque année en septembre-octobre pendant la **Berlin Art Week**, suivie rapidement par la création d'une **Biennale** (www.berlinbiennale.de)

LES GALERIES D'ART

Berlin dénombre **plus de 450 galeries** - ouvertes tant aux artistes allemands qu'aux artistes étrangers -, pour près de 60 000 m² de surface d'exposition. À Mitte, l'**Auguststrasse** et ses environs offrent un bon point de départ pour qui veut découvrir cet aspect important de la ville (Eigen+Art, Auguststrasse 26 - B3, U Rosenthaler Platz ☎ 28 06 605, www.eigen-art.com). Les alentours de la **Savignyplatz** ne manquent pas d'intérêt puisqu'on y trouve les établissements les plus anciens de Berlin. La **Potsdamer Strasse** (principalement entre Pohlstrasse et Lützowstrasse) abrite également un nombre important de galeries, parfois situées dans une arrière-cour ou à l'étage.

5 Autour DE L'ALEXANDERPLATZ

● Restos & bistrots p. 122 ● Bars, clubs & sorties p. 149 ● Boutiques p. 179

Baptisée en 1805 en l'honneur du tsar Alexandre Ier, l'Alexanderplatz témoigne d'un passé tourmenté. Équivalent populaire de la Potsdamer Platz, l'« Alex » était au début du XXe siècle le centre névralgique de Berlin. Détruite pendant la guerre, elle fut agrandie par le régime est-allemand qui érigea en son centre la tour de Télévision devenue un emblème de la ville, au même titre que la porte de Brandebourg. Entre bâtiments remarquables et centres commerciaux, elle symbolise la métamorphose permanente de la ville et est un passage obligé, animé tout au long de la journée.

❶ ALEXANDERPLATZ***

Traversée par le tramway et le S-Bahn, ouverte à tous les vents, l'Alex est loin d'être la plus chaleureuse place de Berlin. Terrain de jeu architectural du siècle dernier, elle vaut cependant le détour. Si les deux immeubles de bureaux conçus par Peter Behrens en 1932 témoignent d'une architecture fonctionnaliste réussie, il n'en est pas de même des tours de logements environnantes, construites dans les années 1960. Ornée d'une frise typique du réalisme socialiste, la **Maison de l'enseignant** (Haus des Lehrers, Alexanderstrasse 9) tire son épingle du jeu. Si vous n'êtes pas adepte des grandes enseignes commerciales, poursuivez au sud vers la fontaine de Neptune ou à l'est par la Karl-Marx Allee.

❷ FERNSEHTURM*

Symbole du modernisme affiché par les autorités de Berlin-Est, la **tour de Télévision** (1969) domine l'Alexanderplatz et l'horizon berlinois de ses 368 m de haut. C'est kitsch et très touristique, mais la vue depuis la plate-forme panoramique est splendide.

Panorama Strasse 1 • www.tv-turm.de • T.l.j. 9h-minuit (10h-minuit nov.-fév.) • Résa conseillée avant le départ • Entrée : 14 €.

❸ MARIENKIRCHE ET NEPTUNBRUNNEN*

Au pied de la tour de Télévision se dresse l'**église Sainte-Marie,** édifiée à la fin du XIVe s. Plus loin, la **fontaine de Neptune,** néobaroque, rafraîchit la place de ses murmures. Neptune s'y entoure

Alexanderplatz

Pause mexicaine : Dolores

La ville regorge de restaurants mexicains, voici la version qualitative avec option « chic californien » qui ravit les Berlinois depuis 10 ans. Burritos, tacos, quesadillas ou salades, tous les classiques sont rassemblés, entre 4,50 € et 8 €. Poulet ou porc ? La sauce, vous la préférez piquante ? Plutôt riz vert, haricots ou légumes à fajita ? C'est vous qui décidez, pas de plats haute couture, mais du sur-mesure coloré et rapide.

31 • Rosa-Luxemburg-Strasse 7 • ☎ 28 09 95 97 • www.dolores-online.de • Lun.-sam. 11h30-22h, dim. 13h-22h (f. j.f.).

d'allégories féminines représentant le Rhin, l'Elbe, la Vistule et l'Oder. Elle vous rappelle la fontaine des Quatre-Fleuves dessinée par le Bernin à Rome ? Vous avez raison !

Nikolaiviertel

Karl-Liebknecht-Strasse 8 • ☎ 24 75 95 10 • www.marienkirche-berlin.de • T.l.j. 10h-18h (janv.-mars 10h-16h) • Accès libre.

❹ ROTES RATHAUS★★

L'épithète « rouge » *(rotes)* qui caractérise l'hôtel de ville du XIXe s. n'est pas une survivance du Berlin-Est communiste. Cela dit, le lieu doit ce qualificatif tant à la couleur de ses briques qu'à la couleur politique des conseillers municipaux issus des quartiers populaires sous l'Empire. La salle des fêtes au 1er étage mérite le coup d'œil.

Rathausstrasse 15 • ☎ 90 26 24 11 • Lun.-ven. 9h-18h • Accès libre.

❺ NIKOLAIVIERTEL★

Pour le 750e anniversaire de Berlin en 1987, les autorités communistes restaurèrent le **quartier Saint-Nicolas.** Le résultat n'est pas toujours très convaincant, mais il n'est pas désagréable de

DDR Museum

flâner dans ces ruelles bordées d'anciennes maisons reconstruites à l'identique. Sur la Poststrasse se dressent deux beaux édifices baroques : la **Knoblauchhaus** (au n° 23, ☎ 24 00 20 171, www.knoblauchhaus.de, mar.-dim. 10h-18h, accès libre), dont la façade fut remaniée dans le style néoclassique, et le **Ephraim-Palais** (n° 16, ☎ 24 002 162, www.stadtmuseum.de/ephraim-palais, mar., jeu.-dim. 10h-18h, mer. 12h-20h ; entrée : 7 € ; gratuit 1er mer. du mois), démoli en 1935 et reconstruit avec les pierres d'origine.

6 HEINRICH ZILLE MUSEUM**

Les Allemands sont très fiers de Heinrich Zille (1858-1929), caricaturiste qui croqua avec ironie et tendresse les petites gens qu'il observait dans les rues et les cafés. Il fut si populaire qu'on lui fit des funérailles nationales !

Propststrasse 11 • ☎ 24 63 25 00 • www.zillemuseum-berlin.de • T.l.j. 11h-19h (18h nov.-mars) • Entrée : 7 €.

7 DDR MUSEUM**

De très nombreux aspects de la vie quotidienne en ex-RDA sont abordés dans ce musée à la scénographie interactive. Si des thématiques comme l'habitat, les transports, les loisirs ou le travail sont illustrées de façon concrète, l'histoire du régime socialiste, de son idéologie et de ses actions est trop rapidement exposée. Une visite plutôt ludique qu'exhaustive.

Karl-Liebknecht-Strasse 1 • ☎ 847 123 731 • www.ddr-museum.de • T.l.j. 10h-20h (22h sam.) • Entrée : 5,50 € (résa en ligne) ; 9,80 € (sur place).

6 Kulturforum ET POTSDAMER PLATZ

● Restos & bistrots p. 123 ● Bars, clubs & sorties p. 150 ● Boutiques p. 180

Voici deux autres facettes de l'Ouest berlinois : d'un côté, le Kulturforum, un pôle culturel au parfum des années 1950 (conçu par l'architecte Hans Scharoun pour compenser la perte des musées situés à l'Est) et qui rassemble autour de lui musées et institutions de renom (Neue Nationalgalerie, Gemäldegalerie, Philharmonie, bibliothèque…) ; de l'autre, la Potsdamer Platz, hérissée de buildings flambants neuf édifiés au lendemain de la réunification, à l'emplacement du gigantesque no man's land qui longeait le Mur. Baladez-vous de l'un à l'autre : c'est un concentré passionnant de musées dédiés, entre autres, à l'expressionnisme, aux arts décoratifs et au cinéma…

❶ GEMÄLDEGALERIE★★★

Depuis 1998, la **pinacothèque de Berlin** réunit en un lieu unique les collections présentées à Dahlem et au Bode-Museum du temps de la partition. Le bâtiment, dessiné par Heinz Hilmer et Christoph Sattler, chargés d'achever le Forum de la culture en 1988, lui sert d'écrin pour retracer une belle histoire de la peinture européenne du XIIIe au XVIIIe s.

Primitifs allemands

À tout seigneur tout honneur, les grands maîtres de la peinture allemande rayonnent de tout leur talent. Parmi eux, Albrecht Dürer et sa *Madone au chardonneret*, mais aussi Lucas Cranach l'Ancien (salle III) avec *La Fontaine de jouvence*, une œuvre non dénuée d'humour où nous assistons, avec une précision diabolique, à la ruée vers une nouvelle jeunesse et les plaisirs qui y sont associés.

Écoles flamandes

Du XIVe au XVIIe s., la peinture hollandaise brille de mille feux avec de nombreux chefs-d'œuvre tel l'emblème du musée, l'émouvant et mystérieux *Portrait d'une jeune femme* de Petrus Christus. Comment ne pas admirer la virtuosité de Vermeer dans le fameux tableau *La Dame au collier de perles* (cabinet 18) ? Quant à Rembrandt, représenté par une vingtaine de toiles, son *Moïse jetant les tables de la Loi* (1659, salle X) est tout à fait fascinant.

Peintures italiennes

Le musée peut s'enorgueillir de posséder une collection italienne

Potsdamer Platz

Kunstgewerbemusem

d'une très grande richesse. De Giotto *(Dormition)* au Caravage *(L'Amour vainqueur)* en passant par Raphaël *(Terranuova Madonna)* et Titien *(Vénus et l'Organiste)*, les chefs-d'œuvre ne manquent pas.

Matthäikirchplatz • ☎ 266 42 42 42 • www.smb.museum • Mar.-ven. 10h-18h (jeu. 20h), sam.-dim. 11h-18h • Entrée : 10 €.

❷ KUNSTGEWERBE-MUSEUM★★

Musée des Arts décoratifs

Juste à côté de la Gemäldegalerie, le musée des Arts décoratifs regorge lui aussi de trésors, de la Renaissance à l'Art déco. Vous aimez le baroque ? Jetez un œil sur la série de verres rubis, une couleur à laquelle on prêtait autrefois toutes sortes de vertus : puissance, éternelle jeunesse, etc. (salle IV, niveau OG). Vous préférez le classicisme ? Le grand cabinet en érable de David Roentgen, truffé de tiroirs secrets, est un joyau de l'ébénisterie européenne (salle VI, niveau OG). La section mode a droit à 2 étages.

Matthäikirchplatz • ☎ 266 42 42 42 • www.smb.museum • Mar.-ven. 10h-18h, sam.-dim. 11h-18h • Entrée : 8 € (12 € le billet combiné avec la Gemäldegalerie).

Pause légère : Weilands Wellfood

Idéal pour déjeuner au bord de l'eau à moins de 10 €, ce self propose des petits plats basses calories riches en vitamines. Très beau choix de salades qui change tous les jours : dinde, noix, raifort et fromage blanc ; poulet, lime (citron vert) et coriandre ; saumon fumé et petits oignons rouges. Produits hyper-frais et fournisseurs triés sur le volet !

● 34 • Marlene-Dietrich-Platz 1 • ☎ 258 99 717 • www.weilands-wellfood.de • Hiver : lun.-ven. 10h-18h ; été : lun.-ven. 12h-21h • Riz et légumes au wok de 7 à 9 €, salade de 5 à 9 €.

❸ NEUE NATIONALGALERIE★★★

Inaugurée en 1968, la **Nouvelle Galerie nationale (fermée pour travaux)** présente une collection permanente d'art moderne, complétée d'expositions temporaires. Sur le parvis et dans un petit jardin en contrebas, auquel on accède par le musée, des sculptures sont exposées en permanence.

Mies van der Rohe

D'une grande simplicité, le bâtiment dessiné par le directeur du Bauhaus de 1930 à 1933 (p. 66) est tout aussi étonnant que la collection qu'il abrite. Le rez-de-chaussée est un hall en verre dont le toit métallique n'est soutenu par aucun mur. C'est ici que sont présentées les expositions temporaires. Une partie de la collection permanente se trouve au sous-sol, fermé à l'ouest par un mur de verre qui donne sur le jardin de sculptures.

Expressionnisme

La section consacrée aux expressionnistes allemands et étrangers est sans aucun doute l'un des points forts du musée. On y découvre des œuvres d'Otto Dix, d'Oskar Kokoschka ou de Georg Grosz, de membres de Die Brücke tels Kirchner et Schmidt-Rottluff, mais aussi la superbe *Frise de la vie* réalisée par Edvard Munch pour le théâtre de Max Reinhardt à Berlin.

École allemande

Aux côtés de grands noms comme Picasso, Bacon ou Rothko, le musée accorde une place de choix aux artistes allemands. Des talents reconnus comme Rebecca Horn, Anselm Kiefer ou Gerhard Richter voisinent ainsi avec de jeunes artistes tels Neo Rauch et Frank Thiel. Depuis 2015, la Neue Nationalgalerie fait peau neuve, mais elle devrait rouvrir ses portes en 2019-2020. La rénovation du bâtiment a été confiée à l'architecte anglais David Chipperfield. Le gagnant du prestigieux prix Stirling avait déjà reçu les rênes des travaux d'aménagement de l'île des Musées (centre des visiteurs, Neues Museum).

Potsdamer Strasse 50 • ☎ 266 42 42 42 • www.smb.museum • F. pour travaux, pas de date de réouverture.

❹ SONY CENTER★★

Coiffé d'une impressionnante coupole de verre ajourée, le siège européen de Sony est une immense tour réalisée par Helmut Jahn. Inauguré en 2000, il abrite bureaux, cinémas, restaurants et commerces. À l'extrémité de l'Alte Potsdamer Strasse, vous pourrez admirer un splendide « bateau » de verre dessiné par Renzo Piano et Christoph Kohlbecker.

Potsdamer Platz • www.sonycenter.de

Sony Center (p. 59)

❺ MUSEUM FÜR FILM UND FERNSEHEN*

Musée du Cinéma et de la Télévision
Les passionnés de cinéma seront comblés par ce petit musée qui retrace l'histoire du cinéma allemand à travers un parcours fort bien mis en scène et riche de nombreux documents d'archives. Les grands réalisateurs d'avant-guerre y occupent une place de choix, mais les années noires du nazisme et de l'après-guerre ne sont pas ignorées. Les admirateurs de Marlene Dietrich découvriront avec plaisir les salles qui lui sont consacrées.
Potsdamer Strasse 2 • ☎ 300 90 30 • www.deutsche-kinemathek.de • Mar.-dim. 10h-18h (20h jeu.) • Entrée : 7 €.

❻ PANORAMAPUNKT***

Une belle surprise vous attend à l'intérieur du building Daimler Chrysler : son ascenseur ! En vingt secondes top chrono, il vous catapulte au 24e étage, qui offre une vue incroyable sur Berlin. Une occasion rêvée de contempler le travail réalisé par les architectes célèbres de la Potsdamer Platz : Piano/Kohlbecker, Richard Rogers, José Rafael Moneo...
Accès : Potsdamer Platz 1 • ☎ 25 93 70 80 • www.panoramapunkt.de • Avr.-oct. : t.l.j. 10h-20h ; nov.-mars : t.l.j. 10h-18h • Café : avr.-oct. : t.l.j. 11h-19h ; nov.-mars : t.l.j. 11h-17h • Entrée : 7,50 €.

❼ MARTIN-GROPIUS-BAU**

Construit à la fin du XIXe s. par le grand-père de Walter Gropius, fondateur du Bauhaus, l'ancien musée des Arts appliqués évoque un imposant palais Renaissance. Restauré dans les années 1970 puis en 1999, il ne conserve pas de collection mais présente un programme riche et varié d'expositions temporaires.

Artistes contemporains

Au rez-de-chaussée, une large cour au plafond vitré fait souvent place à de monumentales installations, comme celles de l'artiste indien Anish Kapoor ou du chinois Ai Weiwei, ayant rencontré un grand succès en

2013-2014. Aux étages, des salles réparties autour d'un foyer central accueillent des expositions monographiques dédiées à des peintres, des photographes, des architectes ou des cinéastes.

Cultures du monde

Des champs culturels méconnus sont aussi régulièrement explorés à travers des expositions thématiques, comme l'art maya, iroquois ou d'Océanie par le passé. Le Martin-Gropius-Bau fait le pari de la curiosité et s'engage résolument pour le croisement des genres et des époques au sein d'une même institution.

Niederkirchnerstrasse 7 • ☎ 25 48 60 • www.gropiusbau.de • Mer.-lun. 10h-19h • Entrée : de 10 à 13 € selon les expositions.

❽ TOPOGRAPHIE DES TERRORS**

Il est des lieux de sinistre mémoire qu'il faut découvrir pour appréhender la réalité historique. Entre la Wilhelmstrasse et la Niederkirchnerstrasse se trouvaient les plus redoutables institutions du IIIe Reich : la Gestapo, les SS et la Sécurité du Reich. Des panneaux en plein air présentent l'histoire du quartier, tandis qu'un centre d'information très complet retrace la planification et l'exécution des crimes nazis. Une maquette, à l'entrée du centre, replace les anciennes institutions nazies dans les rues alentour. Tout a été rasé, mais le site actuel est bordé du segment de 200 m de l'ancien Mur. Un autre pan de l'Histoire.

Niederkirchnerstrasse 8 • ☎ 25 45 09 50 • www.topographie.de • T.l.j. 10h-20h • Accès libre.

Topographie des Terrors

Architecture et modernité

Même si de nombreuses grues se dressent encore dans la ville, Berlin n'est plus l'immense chantier à ciel ouvert qu'il fut pendant les quinze ans qui suivirent la chute du Mur. Par une incroyable mutation de son paysage urbain, la ville s'est métamorphosée. Loin des destructions de la Seconde Guerre mondiale et des no man's land de la guerre froide, Berlin surprend désormais par son architecture résolument tournée vers l'avenir.

POTSDAMER PLATZ

S'il est un quartier emblématique de la métamorphose berlinoise, c'est bien cette place légendaire où s'éleva longtemps le chantier le plus vaste et le plus ambitieux d'Europe. À deux pas du **Kulturforum** (p. 56) se dresse désormais un quartier ultramoderne de près de 500 000 m², un centre-ville à part entière où se mêlent complexes hôteliers, immeubles de bureaux, centres commerciaux et équipements culturels. Pour ce **projet titanesque,** coordonné par les architectes **Hilmer** et **Sattler,** des maîtres d'œuvre aussi réputés que **Renzo Piano** ont signé des réalisations parfois très audacieuses. Immense no man's land pendant près d'un demi-siècle, la Potsdamer Platz retrouve sa place au cœur de Berlin.

PRESTIGE ET POUVOIR

Berlin étant redevenu capitale, un autre grand chantier s'est ouvert pour accueillir les institutions fédérales et régionales de l'Allemagne. Entre le Tiergarten et la Spree, les **bâtiments du Ruban fédéral** (Band des Bundes, p. 28) composent le quartier gouvernemental qui se déploie autour du **Reichstag** rénové et non loin de la Pariser Platz, elle aussi achevée. SPD et CDU, les deux grands partis allemands, ont également inauguré leurs sièges, le premier au bas de Wilhelmstrasse à

Le nouveau Ku'damm

Totalement reconstruit après-guerre, le Kurfürstendamm (p. 74), ou Ku'damm, fait pour la seconde fois depuis la guerre assaut de modernité. À proximité de l'**Europa Center** érigé dans les années 1960, de nombreux bâtiments ultramodernes voient le jour depuis le début des années 2000. Parmi les grands **magasins de la Tauentzienstrasse,** les façades insolites de **Salamander Haus** et de **Peek & Cloppenburg** donnent le ton. Sur le Ku'damm lui-même, on peut admirer d'immenses complexes à vocation commerciale dessinés par des architectes réputés.

Kreuzberg, le second sur Klingelhöferstrasse près du Tiergarten. Le **ministère de l'Intérieur** (Alt-Moabit 98-101 - C2), le **ministère des Affaires étrangères** (Werderscher Markt - H7-8) ou encore la représentation du Land du Bade-Wurtemberg (Tiergartenstrasse 15 - D3) figurent parmi les nouveaux édifices dignes d'intérêt.

Nordische Botschaften

LES AMBASSADES

Toute capitale digne de ce nom se doit d'accueillir, outre les institutions gouvernementales, les représentations diplomatiques. Si **l'ambassade de France** et celle **de Grande-Bretagne** ont fait peau neuve autour de la Pariser Platz, un nouveau quartier diplomatique voit le jour à la lisière du Tiergarten. Ainsi, les **ambassades d'Autriche,** du **Japon** et d'**Inde** voisinent sur Tiergartenstrasse, non loin des représentations nordiques et mexicaine (p. 66). Certains pays, cependant, choisissent de s'implanter dans d'autres quartiers : près de la Potsdamer Platz, pour le Canada ; à Mitte, pour les Pays-Bas, dans un très beau bâtiment dessiné par Rem Koolhaas (Klosterstrasse 50 - I8), et pour le Brésil (Wallstrasse 59 - I8).

DES CHANTIERS PHARAONIQUES

Si vous empruntez le métro aérien, vous pourrez admirer entre la Spree et Invalidenstrasse un long serpent de verre. Il recouvre la **Hauptbahnhof** (gare centrale). Cette gare superpose trois lignes, dont un axe nord-sud récent. Pour compléter ce nouvel axe de circulation, moins visible mais tout aussi titanesque, un tunnel a été creusé sous la Spree pour permettre aux trains, aux trams M41 et M85, mais aussi aux voitures de traverser Berlin. Enfin, en plein centre de la ville, alors que les travaux sur l'île des Musées ne sont toujours pas terminés, à quelques mètres le chantier de reconstruction du **Berliner Schloss** bat son plein pour quelques mois encore (p. 39) avant l'ouverture du très attendu **Humbolt Forum** (p. 5).

Étranges tuyaux

Souvent bleus ou roses, de larges tuyaux serpentent en suspension sur les trottoirs berlinois et interpellent les touristes. Placés à proximité des chantiers, ils servent en fait à évacuer l'eau qui, à cause de la nature du sol, a tendance à s'engouffrer au moindre coup de pelleteuse.

7 Tiergarten, LE POUMON VERT

● Restos & bistrots p. 124 ● Boutiques p. 180

D'une superficie de plus de 200 ha, le plus grand parc de Berlin s'étend sur 3 km de long et 1 km de large. Il est traversé d'est en ouest par la Strasse des 17. Juni, baptisée ainsi en l'honneur du soulèvement populaire de Berlin-Est en 1953, et dominé par l'ange doré de la Siegessäule. Ravagé pendant la guerre, le quartier a retrouvé son rôle politique et diplomatique depuis la réunification, et la nature a repris ses droits. Il constitue un véritable poumon vert au cœur de la capitale.

❶ LE PARC TIERGARTEN★★

L'ancienne réserve de chasse des princes de Brandebourg, transformée en parc d'agrément sous Frédéric II, fait aujourd'hui la joie des joggers et des cyclistes. Des kilomètres de sentiers vous y attendent, mais aussi de nombreuses clairières, idéales pour bronzer au calme ou pique-niquer au milieu des écureuils. La partie sud est la plus charmeuse avec son chapelet de **lacs** (Neuer See) et ses petits recoins romantiques (le pont Löwenbrücke près de la Fasanenallee). Au nord-ouest, vous croiserez le **château de Bellevue,** où vit le président fédéral, et un quartier résidentiel très intéressant, le **Hansaviertel,** reconstruit en 1957 par de grands architectes modernistes : Le Corbusier, Walter Gropius, Alvar Aalto et Oscar Niemeyer. Emportez une bouteille d'eau !

❷ HAUS DER KULTUREN DER WELT★★

Maison des Cultures du Monde
Ce bâtiment, souvent associé par les Berlinois à une huître ouverte, fut offert en cadeau à la Ville par le gouvernement américain en 1957 en tant que palais des congrès. La Maison des Cultures du Monde s'y installa en 1989 avec la vocation d'être un forum international d'échanges culturels. Expositions, colloques, concerts, et festivals sont ainsi organisés tout au long de l'année, avec des artistes venus du monde entier.

John-Foster-Dulles-Allee 10 • ☎ 39 78 71 75 • www.hkw.de • T.l.j. 10h-19h • Expos : mer.-lun. 11h-19h • **Restaurant Auster :** t.l.j. mai-sept. 10h-22h, oct.-avr. 10h-19h.

❸ SIEGESSÄULE★

Au cœur du parc, cinq larges avenues convergent vers un rond-point en forme d'étoile, *der Grosse Stern*. Au centre se dresse la **colonne de la Victoire** (Siegessäule). Érigée pour célébrer la victoire de la Prusse sur le Danemark en 1864, elle se dressait à l'origine devant le Reichstag. En 1938, elle fut déplacée dans le cadre du projet Germania – faire de Berlin la capitale du monde – rêvé par Hitler et son architecte Albert Speer. Haute de 69 m, elle offre une vue superbe sur la ville.

Parc Tiergarten

☎ 391 29 61 • Avr.-oct. : lun.-ven. 9h30-18h30, sam.-dim. 9h30-19h ; nov.-mars : t.l.j. 9h30-17h30 • Entrée : 3 €.

❹ NORDISCHE BOTSCHAFTEN★★

Ambassades nordiques
Les amateurs d'architecture moderne seront comblés par les ambassades au sud du Tiergarten. La plus intéressante est sans nul doute celle des pays scandinaves (Felleshus). Derrière une façade ondulée de cuivre vert, chaque ambassade est disposée, selon sa situation géographique, autour d'une place intérieure et d'un bassin représentant la Baltique. Tout près de là, l'ambassade du Mexique (Klingelhöferstrasse) mérite également le coup d'œil.
Rauchstrasse 1 • Lun.-ven. 10h-19h, sam.-dim. 11h-16h • Accès libre • Mini café au 1er étage de la Felleshus.

❺ BAUHAUS-ARCHIV★★

Ce musée, construit d'après des plans de Walter Gropius en 1971, conserve les **archives du Bauhaus,** organise des expositions et abrite une bibliothèque (lun.-ven. 9h-13h). Fondée en 1919 à Weimar par Gropius, l'école d'architecture et d'arts appliqués, où enseignèrent notamment Mies van der Rohe et Kandinsky, fut transférée à

Pause *Biergarten* : Café am Neuen See

Ce café est l'endroit tout indiqué pour se sustenter après avoir arpenté les allées du parc ou canoté sur le paisible lac Neuer See. Au menu, salades, pâtes, pizzas (à partir de 9 €) et quelques gourmandises toutes germaniques. Dès les premiers beaux jours, faites comme les Berlinois et venez savourer une bière bien fraîche (4,10 €) dans le *Biergarten*.

● 37 • Lichtensteinallee 2 • ☎ 25 44 930 • www.cafeamneuensee.de • T.l.j. à partir de 9h (jusqu'à 22h par beau temps) • *Biergarten* : lun.-ven. à partir de 12h, sam.-dim. à partir de 11h.

Dessau en 1925 puis à Berlin en 1932, avant d'être fermée par les nazis un an plus tard. À l'occasion du centenaire du Bauhaus en 2019, le musée a décidé de faire peau neuve. Pendant la durée des travaux, une modeste partie de ses collections est exposée à la Berlinische Galerie (p. 83).
Klingelhöferstrasse 14 • ☎ 254 00 20 • www.bauhaus.de • Fermé pour travaux depuis 2018.

❻ ZOOLOGISCHER GARTEN★★★

Aménagé dans le prolongement du Tiergarten, le **zoo de Berlin** est le plus ancien d'Allemagne. Inauguré en 1844 dans la ménagerie royale, il s'étend sur 35 ha d'espaces verts situés de part et d'autre du Landwehrkanal. Avec près de 20 000 animaux appartenant à quelque 1 600 espèces, c'est un véritable îlot de tranquillité à deux pas du Kurfürstendamm. Inscrivez-le à votre programme, même si aucun enfant ne vous accompagne !

Parc paysager

Dessiné par Peter Joseph Lenné, le Jardin zoologique permet de se promener d'allée en passerelle, de massif en fontaine, comme dans le parc d'un château. Les deux entrées principales, monumentales, sont ornées d'animaux sculptés : la porte des Lions sur la Hardenbergplatz et la porte des Éléphants sur la Budapester Strasse. L'architecture des pavillons s'inspire de codes stylistiques venus d'Afrique et d'Asie.

Hôtes célèbres

Certes, le repas des fauves ou des crocodiles, les évolutions des otaries, des phoques ou des pingouins, et les facéties des singes sont toujours très populaires. Mais les Berlinois ont leurs chouchous. Depuis la disparition du panda Yan Yan (2007) et de l'ourson polaire Knut (2011), très regretté par ses fans, ils suivent l'évolution du gorille femelle soixantenaire Fatou, arrivé à Berlin dans les valises d'un marin marseillais.

Aquarium

Construit en 1913, comme en témoigne sa très belle décoration hélas un peu fanée, c'est l'un des plus importants d'Europe. Certains habitats d'origine des animaux y ont été reconstitués, et on peut y découvrir aussi bien d'élégantes méduses que de fascinants requins. De grands bassins vitrés placés à la hauteur des enfants permettent aux plus petits de ne pas perdre une miette du spectacle.
Zoo : Hardenbergplatz 8 • www.zoo-berlin.de • ☎ 254 010 • Horaires d'ouverture variables, se renseigner sur le site dans la rubrique Besuch Planen, onglet öffnungzeiten • 26 mars-23 sept. : t.l.j. 9h-18h30
Aquarium : Budapester Strasse 32 • T.l.j. 9h-18h • www.aquarium-berlin.de • Entrée : 15,50 € (zoo ou aquarium) ; 21 € (zoo + aquarium).

Entre ville et campagne

Vu du ciel, Berlin apparaît comme un îlot entouré de lacs et de forêts. Cette impression quelque peu déconcertante pour une capitale occidentale se renforce quand on découvre que la ville elle-même est traversée par la Spree et le Landwehrkanal, qu'elle est parsemée de parcs et de squares, et que nombre de ses avenues sont bordées d'arbres. Pas un quartier qui n'ait son oasis de verdure où, aux beaux jours, il fait bon prendre le frais.

Au fil de l'eau

Très agréables au printemps et en été, plusieurs **croisières** empruntent la **Spree** et le **Landwehrkanal** pour une visite du **centre de Berlin.** En partant de l'**embarcadère du Märkisches Ufer** (18), on découvre ainsi l'**île des Musées** (Museumsinsel) avant de se diriger vers le **Reichstag,** le **Band des Bundes** (« Ruban fédéral ») et le **Tiergarten.** La promenade se poursuit par le **Landwehrkanal** et longe le **Jardin zoologique,** le **Forum de la culture** et la **Potsdamer Platz,** avant de traverser **Kreuzberg** et de rejoindre la Spree à l'**Oberbaumbrücke.** D'autres balades plus longues permettent d'emprunter la Spree puis la Havel pour se rendre à **Spandau, Grunewald, Wannsee** et **Potsdam.** Vers l'est, la Spree permet d'aller à **Treptow, Köpenick** et au **Müggelsee** (hors plan par F3-4).

UNE FORÊT AU CŒUR DE LA VILLE

Sous de grands arbres s'étendent les allées sinueuses, les vertes pelouses, les jardins fleuris et les petits lacs du **Tiergarten,** le « jardin aux animaux ». Au cœur de la ville, cette vaste forêt, aménagée en parc d'agrément au XIXe s., servait autrefois de réserve de chasse aux princes Électeurs (p. 65). Ravagé par les bombardements, privé de ses derniers arbres et transformé en potager par les Berlinois, qui mouraient de froid et de faim, le parc fut replanté et redessiné après-guerre. Il est ainsi redevenu le parc préféré des habitants, qui aiment y flâner dès les premiers beaux jours.

L'EST AU VERT

Si l'ouest de la ville ne manque pas de parcs municipaux, notamment le très agréable **Viktoriapark** de **Kreuzberg** (p. 85), c'est à l'est qu'ils sont les plus nombreux puisqu'on en dénombre une quinzaine. Aménagé par le célèbre Lenné et par Gustav Meyer, un de ses élèves, le **Volkspark Friedrichshain** (p. 91) devait être l'équivalent du Tiergarten pour les quartiers populaires de l'est de Berlin. Après-guerre, deux collines artificielles y ont été élevées et plantées d'arbres. Plus au sud, au bord de la Spree, le **Treptower Park** (hors plan par F3) fut créé une vingtaine d'années après le précédent. Depuis 1949, il abrite un imposant mémorial soviétique, le **Sowjetisches Ehrenmal,** où reposent près de 5 000 soldats tombés lors de la bataille de Berlin.

Vue sur le lac de Wannsee

ENTRE LACS ET RIVIÈRES

Riche en cours d'eau et en petits lacs, Berlin présente aussi l'avantage d'être à proximité de deux grands lacs, facilement accessibles et propices à la baignade. À l'ouest, au bord de la **forêt de Grunewald**, le **lac de Wannsee** (Ⓢ 1 ou 7 Nikolassee) est réputé pour sa longue plage de sable fin, fort prisée des Berlinois en été depuis le début du XXe s. Au milieu du lac, l'**île aux Paons** (Pfaueninsel) est un site enchanteur qui abrite le **châtelet,** une « ruine » édifiée à la fin du XVIIIe s. par Frédéric-Guillaume II et dotée d'un parc à l'anglaise dessiné par Lenné. À l'est, traversé par la Spree, le **lac de Müggelsee** (Ⓢ 3 Rahnsdorf) est situé au milieu d'une vaste forêt que domine le **Müggelberg,** la plus haute colline de Berlin (115 m d'altitude). À son sommet se dresse la **Müggelturm,** qui offre un splendide panorama.

LA FORÊT DE GRUNEWALD

Bordée à l'ouest par la Havel et à l'est par de ravissants petits lacs, cette vaste forêt est entourée d'élégants quartiers résidentiels tels **Dahlem** (p. 102) et **Zehlendorf.** Traversée de longues allées ombragées, elle offre un cadre idyllique pour se promener à pied, à bicyclette (p. 15) ou à cheval. Au nord-ouest, au sommet du **Karlsberg,** se dresse la **Grunewaldturm,** une tour de brique rouge de style néogothique érigée en 1897 à la mémoire de l'empereur Guillaume Ier. Après avoir gravi 250 marches, on accède à une terrasse où se dévoile un panorama exceptionnel qui permet d'admirer la Havel jusqu'à Potsdam. Au cœur de la forêt, au sud-est du lac de Grunewald, s'élève l'ancien pavillon de chasse de l'Électeur Joachim II (p. 105).

8 Charlottenburg, AUTOUR DU CHÂTEAU

● Restos & bistrots p. 124 ● Bars, clubs & sorties p. 151

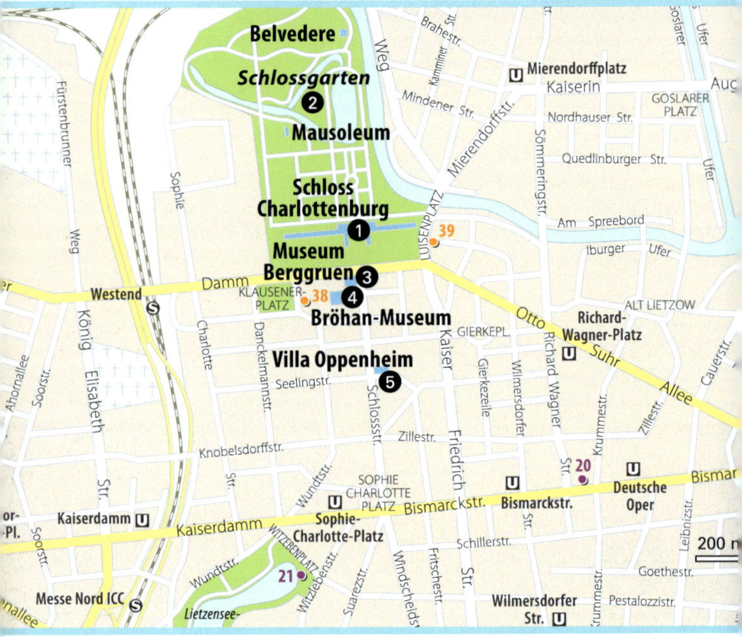

Incorporé à Berlin en 1920, l'élégant faubourg de Charlottenburg doit son nom à l'ancienne résidence d'été des rois de Prusse. Bordé à l'ouest par le majestueux château des Hohenzollern, ce quartier résidentiel qui s'étend jusqu'au Tiergarten regroupe plusieurs musées et collections de renom. Malgré les destructions de la guerre, Charlottenburg conserve de beaux édifices du XIXe et du début du XXe s., notamment le long de la Schlossstrasse, promenade arborée reliant sur près d'un kilomètre la Sophie-Charlotte-Platz à l'entrée du château.

❶ SCHLOSS CHARLOTTENBURG★★★

Château de Charlottenburg
À la fin du XVIIe s., le futur Frédéric Ier offre à son épouse Sophie-Charlotte un palais. Baptisé Charlottenburg en l'honneur de la reine, ce château baroque fut agrandi et embelli par Frédéric II au siècle suivant, avant d'être bombardé en 1943 puis reconstruit après-guerre. Née de l'imagination d'artistes talentueux, l'ancienne résidence d'été des rois de Prusse recèle de somptueux appartements et de nombreux trésors.

Château rococo

Dessiné par Nering en 1695, le pavillon central fut coiffé d'une coupole majestueuse par Eosander von Göthe en 1713, auteur également de l'orangerie et de la cour d'honneur. Placée au centre de cette dernière, la statue équestre en bronze du Grand Électeur est l'œuvre d'Andreas Schlüter. Ajoutée entre 1740 et 1747 par Georg von Knobelsdorff, la Neuer Flügel (Nouvelle Aile) s'étend à droite de la cour d'honneur.

Un cadre fastueux

Décoré de damas et de miroirs, de stucs et d'or, le château fut l'écrin des appartements de Frédéric Ier et Sophie-Charlotte ainsi que de Frédéric II. De salle en salle, on découvre notamment les somptueux services de porcelaine et l'argenterie des rois, mis en

Schloss Charlottenburg

scène comme si vous étiez convié au banquet. Au 1er étage de la Neuer Flügel, la salle des fêtes, longue de 42 m, est éblouissante.

Jardins à la française

C'est à Siméon Godeau, un élève du célèbre jardinier de Versailles André Le Nôtre, que l'on doit l'aménagement du parc. Entre les allées, bassins et bosquets se trouvent plusieurs édifices complémentaires au château : le mausolée de la reine Louise, abritant le tombeau des Hohenzollern, et le belvédère érigé pour la vue sur la Spree. Le nouveau pavillon de Karl Friedrich Schinkel, situé juste à côté de la nouvelle aile du château, abrite quant à lui une remarquable collection de peintures du XIXe s. (Caspar David Friedrich, Eduard Gaertner, Carl Blechen...).

Spandauer Damm 10-22 • ☎ 0331 96 94 200 • www.spsg.de • Altes Schloss, Neuer Flügel, Neuer Pavillon, Mausoleum : mar.-dim. 10h-17h (18h avr.-oct.) • Entrée : 10 € (château seulement), 17 € (forfait « Charlottenburg + »).

❷ SCHLOSSGARTEN★★

Très apprécié des Berlinois, le **parc du château** est agrémenté d'un plan d'eau et de pavillons. Aménagé dans le style français en 1697, il fut transformé en parc à l'anglaise par Lenné au XIXe s. avant de retrouver, dans sa partie restaurée après-guerre, son style français. Outre un **belvédère** construit par Langhans (belle collection de porcelaine), le parc recèle deux édifices de Schinkel. Le **mausolée** de la reine Louise est un petit temple dorique renfermant des sarcophages royaux, dont celui de la reine Louise, première épouse de Frédéric-Guillaume III. Le **pavillon Schinkel** est une belle villa, résidence d'été de Frédéric-Guillaume III et de sa seconde épouse.

Spandauer Damm • ☎ 32 09 11
Parc : t.l.j. de 8h au coucher du soleil (accès libre)
Mausolée : avr.-oct. : mar.-dim. 10h-18h et nov.-mars : mar.-dim. 10h-15h • Entrée : 2 €
Belvédère : avr.-oct. : mar.-dim. 10h-18h et nov.-mars : mar.-dim. 10h-15h • Entrée : 4 €.

❸ MUSEUM BERGGRUEN★★

Né à Berlin en 1914, Heinz Berggruen émigra aux États-Unis en 1936 avant de s'installer à Paris. Marchand d'art et ami de Picasso, il réunit une riche collection d'art moderne qu'il confia à sa ville natale en 1996. Cette collection possède plus de 160 œuvres signées Picasso, Matisse, Braque, Giacometti et Laurens. Parmi les quelque 90 toiles et sculptures de Picasso, les portraits cubistes et surréalistes sont de purs chefs-d'œuvre *(Dora Maar aux ongles verts)*. La collection compte également plus d'une cinquantaine d'œuvres de Paul Klee : un vrai régal !

Schlosstrasse 1 • ☎ 266 42 42 42 • www.smb.museum • Mar.-ven. 10h-18h, sam.-dim. 11h-18h • Entrée : 12 €.

❹ BRÖHAN-MUSEUM**

Dans un bâtiment néoclassique à côté du Museum Berggruen, ce musée doit son existence à la passion de Karl Bröhan pour l'Art nouveau et l'Art déco. Il réunit des objets, des meubles et des peintures provenant de toute l'Europe. La France y est bien représentée par Gallé, Guimard et Majorelle. On peut aussi y admirer des tableaux de Walter Leistikow (1865-1908) et une collection de porcelaines de Sèvres, de Berlin et du Danemark.

Schlosstrasse 1a in Charlottenbourg • ☎ 32 69 06 00 • www.broehan-museum.de • Mar.-dim. 10h-18h • Entrée : 8 €.

❺ VILLA OPPENHEIM*

Bordée de quelques demeures néoclassiques, la Schlosstrasse permet d'imaginer à quoi ressemblaient les quartiers résidentiels du Berlin d'avant-guerre. Au n° 55, au bout d'Otto-Grüneberg-Weg, la Villa Oppenheim abrite des rencontres culturelles et des expositions d'art contemporain.

Villa Oppenheim

Schlosstrasse 55 • ☎ 90 29 24 106 • www.villa-oppenheim-berlin.de • Mar.-ven. 10h-17h, sam.-dim. 11h-17h • Accès libre.

Pause houblonnée : Brauhaus Lemke

Une halte pour reprendre des forces et repartir bon pied bon œil ? Située juste à côté du château, cette brasserie dotée d'une grande terrasse est un lieu fort agréable qui propose des plats copieux à des prix raisonnables. Et, qui sait, après avoir admiré les belles cuves en cuivre, peut-être ne pourrez-vous pas résister au plaisir de goûter la bière maison (4,50 € les 50 cl de bière Lemke Original) ? *Eisbein* (jarret de porc) : 15 €.

● 39 • Luisenplatz 1 • ☎ 30 87 89 79 • www.brauhaus-lemke.com • T.l.j. 12h-minuit.

9 Charlottenburg, le long DU KURFÜRSTENDAMM

● Restos & bistrots p. 125 ● Bars, clubs & sorties p. 151 ● Boutiques p. 180

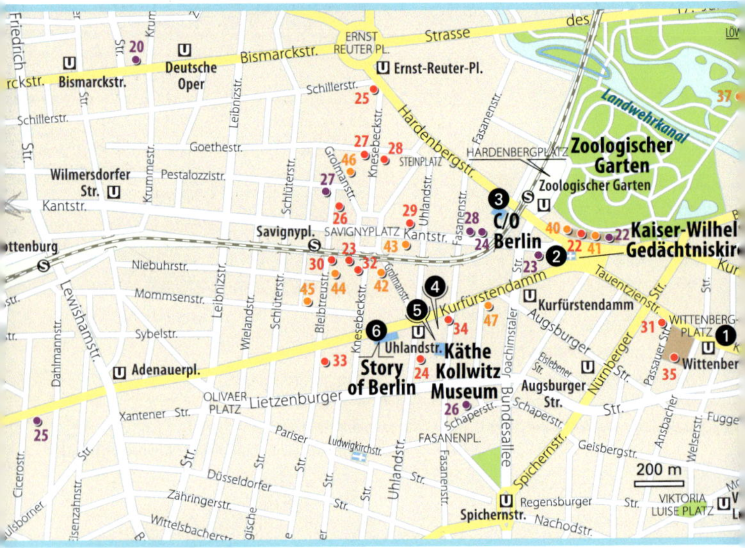

Longue de plus de 3 km, la « chaussée des princes Électeurs » (Kurfürstendamm ou Ku'damm) traverse d'une ligne franche l'ouest de la ville, du Tiergarten jusqu'à Grunewald. Dans les années 1920, le Tout-Berlin se retrouvait dans ses cafés, ses cinémas et ses cabarets. Reconstruite après la guerre, l'avenue devint la vitrine de la culture occidentale. Quelque peu excentrée depuis la réunification, elle reste associée au shopping et aux loisirs, mais n'a pas le charme de la Fasanenstrasse ou de la Savignyplatz. Flânez dans les rues alentour : vous y croiserez galeries d'art, petits musées, hôtels cosy et jolis cafés.

❶ WITTENBERGPLATZ*

Les cafés, théâtres et boutiques d'avant-guerre ont fait place à un quartier moderne où, le long de la Tauentzienstrasse, grands magasins et centres commerciaux rivalisent de prouesses architecturales et commerciales. Même le célèbre KaDeWe (p. 185) a été reconstruit après-guerre. Seule la station de métro réalisée par Alfred Grenander en 1911 rappelle un passé prestigieux. Avant les plaisirs du shopping, offrez-vous un petit voyage dans le temps, et découvrez le charme des carrelages jaune et vert de la place, de ses guichets et de ses portes en bois...

Vue sur Kaiser-Wilhelm-Gedächtniskirche depuis Tauentzienstrasse

❷ KAISER-WILHELM-GEDÄCHTNISKIRCHE**

En 1945, la plupart des édifices du Kurfürstendamm étaient en ruine, à l'image de l'**Église commémorative de l'empereur Guillaume Ier,** datant de la fin du XIXe s. Son clocher éventré, témoin des années noires, a été laissé en l'état, et à son pied se trouve une salle du souvenir. À l'extrémité de la place, vous noterez l'**Europa Center,** le centre commercial le plus ancien de Berlin, du début des années 1960.

Breitscheidplatz • ☎ 218 50 23 • www.gedaechtniskirche-berlin.de • **Église nouvelle :** t.l.j. 9h-19h • **Gedenkhalle :** lun.-ven. 10h-18h, sam. 10h-17h30, dim. 12h-17h30.

❸ C/O BERLIN**

Construite en 1956, l'Amerika Haus fut jusqu'au début du XXIe s. le centre culturel américain de Berlin. Après plusieurs décennies chaotiques, c'est la fondation pour la photographie C/O Berlin, originellement installée dans l'ancienne poste centrale de Mitte, qui en a pris possession. Une vingtaine d'expositions de photographes majeurs s'y relaient chaque année (agence Magnum, Anton Corbijn, Stephen Shore...).

Hardenbergstrasse 22 • ☎ 284 44 16 62 • www.co-berlin.org • T.l.j. 11h-20h • Entrée : 10 €.

Pause revigorante : Soup Kultur

Ce bar propose un choix de soupes chaudes ou froides, mais aussi des pâtes, à manger sur le pouce ou à emporter. Pour s'installer : deux tables en terrasse et quelques places à l'intérieur. À vos cuillères pour un déjeuner léger et bon marché (soupes : 4,20-4,50 €).

● 47 • Kurfürstendamm 224
• ☎ 88 62 92 82
• www.soupkultur.de
• Lun.-sam. 12h-18h30.

❹ LITERATURHAUS**

Maison de la Littérature
Bordée de beaux immeubles bourgeois et de quelques jolies villas fin XIXe s., l'élégante Fasanenstrasse offre une alternative paisible à l'animation du Ku'damm voisin. Vous y trouverez, au n° 23, une villa construite en 1889 - la Literaturhaus - où l'on organise lectures et expositions. Elle est dotée d'une excellente librairie, d'une véranda et d'un jardin où il fait bon prendre un café et manger une part d'*Apfelstrudel* (7 €).

Fasanenstrasse 23 • ☎ 887 28 60
• www.literaturhaus-berlin.de
• T.l.j. 10h-17h (horaires variables selon le programme des lectures)
• Entrée : 5 € (pour les lectures)
Café : t.l.j. 9h-minuit
• ☎ 882 54 14.

Käthe Kollwitz Museum

Story of Berlin

❺ KÄTHE KOLLWITZ MUSEUM**

La plus ancienne villa de la Fasanenstrasse abrite un musée consacré à Käthe Kollwitz (1867-1945), une artiste engagée qui vécut et travailla dans le quartier de Prenzlauer Berg. Pacifiste, elle jouissait d'une grande popularité et puisait son inspiration dans les souffrances des classes populaires et dans les horreurs de la guerre. Ce beau musée permet de découvrir la totalité de ses sculptures et 70 dessins et affiches, une centaine d'estampes, des lettres et des photos.

Fasanenstrasse 24 • ☎ 882 52 10 • www.kaethe-kollwitz.de • T.l.j. 11h-18h • F. 24 et 31 déc. • Entrée : 7 €.

❻ STORY OF BERLIN**

À travers 23 salles thématiques et 6 000 m², les visiteurs sont invités à découvrir huit siècles de l'histoire de la ville de manière ludique. En mettant l'accent sur le quotidien des Berlinois au fil des époques, le musée fait de l'Histoire un récit plus incarné. Vibrations dans le sol, son et lumière ou visite d'un véritable abri anti-atomique, les nombreuses surprises ont de quoi charmer tout type de public. Des plaquettes et applications en français sont disponibles.

Kurfürstendamm 207-208 • ☎ 88 72 01 00 • www.story-of-berlin.de • T.l.j. 10h-20h (dernière entrée 18h) • Entrée : 12 €.

10 Schöneberg

● Restos & bistrots p. 128 ● Bars, clubs & sorties p. 155 ● Boutiques p. 186

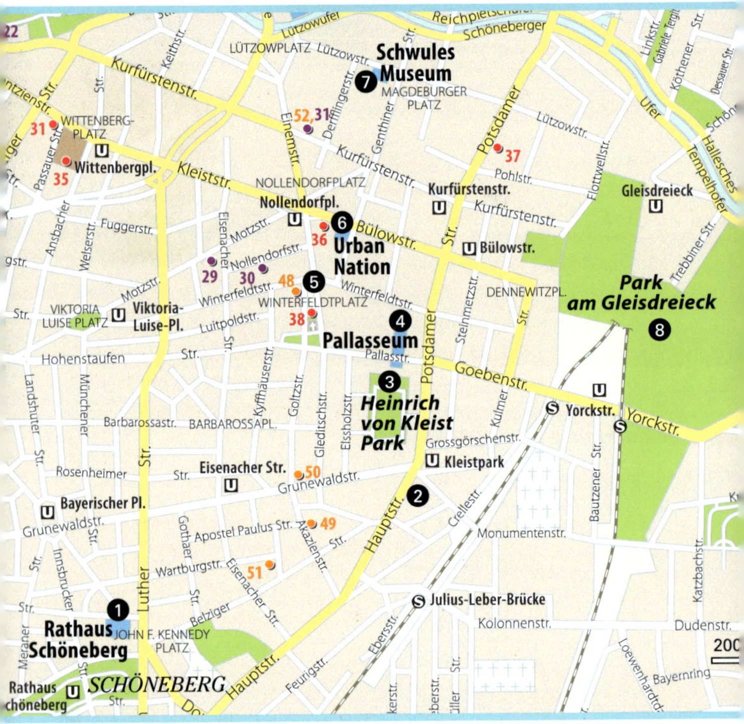

Situé en secteur américain au temps de la partition, Schöneberg fut le siège des autorités de Berlin-Ouest. Cosmopolite et très peuplé, c'est aujourd'hui un quartier résidentiel qu'animent de nombreux restaurants, bars et boutiques. C'est aussi le quartier historique de la communauté homosexuelle.

❶ RATHAUS SCHÖNEBERG*

Hôtel de ville de Schöneberg
Construit au début du XXe s., cet imposant bâtiment entra dans l'histoire le 26 juin 1963, quand le président John F. Kennedy y prononça depuis le balcon un discours qui s'acheva par la célèbre formule : *Ich bin ein Berliner*. Son parvis accueille le week-end un **marché aux puces** (sam.-dim. 8h-16h), et juste derrière s'étend le **Rudolph-Wilde-Park,** très arboré et joliment aménagé.

John-F.-Kennedy-Platz.

❷ HAUPTSTRASSE 155*

Voici l'immeuble où **David Bowie** vécut par intermittence entre 1976 et 1978. C'est à cette période qu'il enregistra, parfois avec son ami et voisin Iggy Pop, ses chansons aux Hansa Studios. Une plaque commémorative a été installée par la ville en 2016 en hommage à la création de ses albums *Low*, *Heroes* et *Lodger*. Pour en savoir plus sur la trilogie berlinoise de la star, suivez le guide : www.musictours-berlin.de/de/bowie-berlin-walk (voir p. 209).

❸ HEINRICH VON KLEIST PARK*

La magie des parcs berlinois n'est pas une chimère. Pourtant située tout près de la bruyante Potsdamer Strasse, cette petite oasis de verdure est d'un grand calme... On peut même profiter du

Pause hors du temps : Café Einstein

Parée d'une jolie marquise, cette élégante villa de la fin du XIXe s. possède un charme fou (parquets cirés, moulures dorées, jardin). On peut y venir à toute heure, pour boire un verre, un café, un thé (à partir de 6,80 €), pour savourer une pâtisserie, prendre un petit déjeuner, déjeuner ou dîner (*Wiener Tafelspitz* : env. 21 €). C'est un peu cher, mais... c'est le café favori de Wim Wenders.

● 52 • **Kurfürstenstrasse 58**
• **☎ 263 91 918**
• **www.cafeeinstein.com**
• **T.l.j. 8h-minuit.**

chant des oiseaux. À l'entrée, la surprenante colonnade baroque, dessinée par Carl von Gontard à la fin du XVIIIe s., se trouvait autrefois sur l'Alexanderplatz. En marge du parc, la **Haus am Kleistpark** (www.hausamkleistpark.de, mar.-dim. 11h-18h, accès libre) présente des expositions d'artistes berlinois et internationaux.

Potsdamer Strasse • T.l.j. 24h/24.

❹ PALLASSEUM*

Le bâtiment ne se visite pas, mais son architecture vaut le détour. Construite à la fin des années 1970, la « tour » de logements enjambe la rue mais également… un bunker qui n'a pas pu être détruit après la guerre. Le contraste saisissant est amplifié par la profusion d'antennes paraboliques bariolées pour certaines. C'est grâce à ces antennes que de nombreux immigrés installés à Berlin restent reliés à la culture et à l'actualité de leur pays d'origine ; l'antenne devient donc un objet symbolique, que l'artiste Daniel Knipping a détourné pour ce vaste projet artistique intitulé *Du dedans au dehors*, réalisé pour l'immeuble avec ses habitants (www.danielknipping.de).

Pallasstrasse 3 • www.pallasseum.de

❺ WINTERFELDPLATZ*

Déambuler dans les rues au sud de la Nollendorfplatz vous donnera un aperçu de la vie quotidienne au cœur de Schöneberg. Durant votre promenade, vous passerez des bars gays de la Motzstrasse aux cavistes et antiquaires de la Winterfeldstrasse, ainsi que par la Winterfeldplatz pour profiter de ses terrasses et peut-être de son marché si vous êtes chanceux (chaque mer. et sam. 8h-15h).

❻ URBAN NATION*

Bonne nouvelle pour les fans de tags, de pochoirs et de graffiti : un musée entièrement dédié à l'art urbain vient d'ouvrir ses portes à Berlin et il est gratuit ! Nous, on a flashé sur *Butterfly effect* de Xenz et sur *Deepest breath* de James Bullough, mais il y en a pour tous les goûts : les commissaires, en effet, ont pris le parti de sélectionner 150 artistes aux approches très différentes, des talents locaux et des pointures internationales.
Bülowstrasse 7 • www.urban-nation.com • Mar.-dim. 10h-18h • Accès libre.

❼ SCHWULES MUSEUM**

Musée LGBT
Depuis sa création en 1985, le Schwules Museum est devenu un établissement de référence pour l'archivage, la recherche et la diffusion de la culture des communautés LGBT (lesbiennes, gays, bisexuels et transgenres). Les expositions temporair[es] abordent différentes thématiques à travers le spectre de l'art, de l'histoire et de la culture, enrichies d'un programme de conférences et de performances.
Lützowstrasse 73 • ☎ 69 59 90 50 • www.schwulesmuseum.de • Sam. 14h-19h, dim.-lun., mer., ven. 14h-18h, jeu. 14h-20h • Entrée : 7,50 €.

❽ PARK AM GLEISDREIECK**

Il est très agréable de traverser à vélo ce parc de 26 ha aménagé sur l'aire de triage des anciennes gares de Potsdamer Platz et Anhalter Bahnhof. Terrains de jeux, de basket, de beach-volley, skatepark... Gleisdreieck est une certaine définition du parc urbain idéal. Il fait la fierté des Berlinois et s'est vu décerner plusieurs prix d'architecture depuis son ouverture en 2013.
Yorckstrasse / Möckernstrasse 26 • http://gruen-berlin.de/park-am-gleisdreieck • T.l.j. 24h/24.

Park am Gleisdreieck

11 Kreuzberg, le long DU MEHRINGDAMM

● Restos & bistrots p. 129 ● Bars, clubs & sorties p. 156 ● Boutiques p. 186

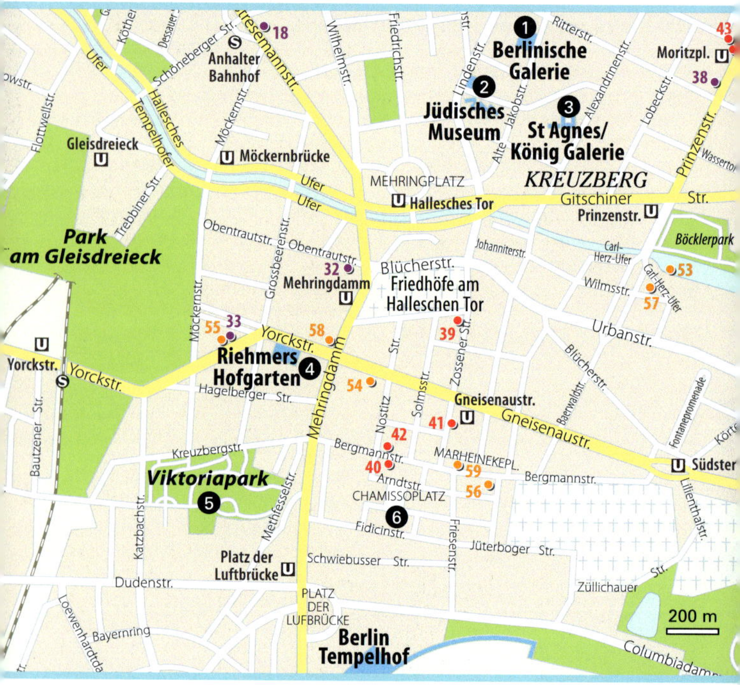

La partie ouest de Kreuzberg (entre le bas de la Friedrichstrasse et la Platz der Luftbrücke) est tout aussi colorée et populaire que l'est du quartier, même si elle est réputée plus chic. Davantage touchée par les bombardements, elle a cependant gardé son authenticité et de beaux immeubles dotés de cours typiquement berlinoises. Une atmosphère envoûtante, surtout autour de la Chamissoplatz.

❶ BERLINISCHE GALERIE★★

Inauguré en 2004 dans un ancien entrepôt restauré et modernisé, ce grand musée est consacré à l'art moderne et contemporain berlinois depuis la fin du XIXe s. De la photographie au multimédia en passant par la peinture et l'architecture, ses collections et ses expositions temporaires offrent un excellent aperçu des différents mouvements qui animent l'art berlinois depuis plus d'un siècle. Le musée dispose aussi d'un café avec une terrasse très agréable.

Alte Jakobstrasse 124-128 • ☎ 789 02 600 • www.berlinischegalerie.de • Mer.-lun. 10h-18h • Entrée : 8 € ; 1er lun. du mois 4 €.

Berlinische Galerie

❷ JÜDISCHES MUSEUM★★★

Musée juif de Berlin

Inauguré en 2001, le musée est dédié à l'histoire du peuple juif de l'époque romaine jusqu'à nos jours. L'entrée se fait par le Kollegienhaus, ancien palais de justice datant de 1735, qui abrite les expositions temporaires. L'architecte déconstructiviste américain Daniel Libeskind, chargé de la conception du Musée juif, remodela l'intérieur de ce bâtiment et en ajouta un second deux fois plus grand, véritable sculpture architecturale devenue une référence au niveau mondial.

« Entre les lignes »

C'est ainsi que Libeskind avait intitulé son projet, souhaitant donner une forme visuelle à l'Histoire. Ce nouveau bâtiment est aujourd'hui communément surnommé *der Blitz* (l'éclair) pour son tracé formant une ligne brisée dont aucun angle n'est droit. Recouvertes de feuilles de zinc, les façades sont percées de longues entailles et de fissures obliques qui, à l'intérieur, génèrent des perspectives inattendues.

Itinéraires

Au rez-de-chaussée se croisent deux couloirs qui symbolisent la marche vers l'exil et celle vers l'extermination. Le premier conduit au jardin de l'Exil, une petite forêt de 49 stèles en béton de taille identique et à égale distance les unes des autres, disposées sur un plan incliné et couronnées d'arbustes. Le second mène au néant de l'Holocauste, une salle vide, très haute, dont la partie supérieure est percée d'une fente étroite qui laisse passer la lumière sans voir le ciel...

Salles d'exposition

Sinuant à travers le bâtiment, un troisième itinéraire permettra en 2019 de découvrir sur trois étages des expositions consacrées à l'histoire et à l'art juifs. Des salles vides symbolisent la part de la culture juive à jamais disparue.

Lindenstrasse 9-14 • ☎ 25 993 300 • www.jmberlin.de • Lun. 10h-22h, mar.-dim. 10h-20h • Entrée : 8 €.

❸ ST. AGNES / KÖNIG GALERIE**

Le galeriste Johann König s'est installé en 2015 à St. Agnes, site que la paroisse du même nom avait quitté dix ans plus tôt. Ce bâtiment en béton brut, qui s'apparenterait plutôt à un bunker, est en effet une ancienne église bâtie dans les années 1960. Le site accueille aujourd'hui la galerie ainsi qu'un charmant café et plusieurs agences.

Alexandrinenstrasse 118-121 • ☎ 261 030 80 • www.koeniggalerie.com • Mar-dim. 11h-18h • Accès libre.

❹ RIEHMERS HOFGARTEN**

Berlin recèle de véritables trésors, tel cet ensemble résidentiel construit à la fin du XIXe s. Précédée d'une entrée majestueuse

Jüdisches Museum

Pause sur le pouce : Marheineke Markthalle

Le **marché couvert** de la place Marheineke, modernisé, reste un incontournable du Bergmannkiez à Kreuzberg. En 1892, lorsqu'il a été inauguré, il accueillait 290 étals de 4 m² chacun. Aujourd'hui, si 50 détaillants se partagent encore la halle, vous n'y verrez plus de ferblantier, mais des primeurs, des épiceries fines et des stands variés joliment achalandés pour déjeuner sur le pouce.

59 • Marheinekeplatz 15
• ☎ 50 56 65 36
• www.meine-markthalle.de
• Lun.-ven. 8h-20h, sam. 8h-18h.

flanquée de deux atlantes, une ravissante cour centrale ombragée est bordée de plusieurs immeubles bourgeois de très belle facture. Si vous tombez sous le charme, vous pourrez séjourner à l'hôtel éponyme (p. 216).
Yorckstrasse 83-86.

5 VIKTORIAPARK**

Aménagé à la fin du XIXe s. sur l'une des plus hautes collines de Berlin (près de 70 m d'altitude !), ce vaste parc, agrémenté d'une cascade artificielle, offre une très belle vue sur la ville. Au sommet, un monument de Schinkel (1821) célèbre les « guerres de libération » contre Napoléon : sa croix *(Kreuz)* de fer a donné son nom au quartier… même si Berg signifie plutôt « montagne » que « colline ».
Kreuzbergstrasse
• T.l.j. de l'aube au crépuscule.

6 CHAMISSOPLATZ**

Construits à la fin du XIXe s., de beaux immeubles aux façades colorées donnent à cette place un charme fou. Charme que l'on retrouve dans les rues alentour au fur et à mesure des restaurations qui permettent à ce quartier longtemps délaissé de retrouver son âme. Pour en profiter le soir venu, rendez-vous au **Haifischbar** (Arndtstrasse 25, ☎ 691 13 52, www.haifisch.galander. bar, t.l.j. 18h-2h) pour déguster tapas et cocktails (7-8 €).

12 Kreuzberg, autour de L'ORANIENSTRASSE

● Restos & bistrots p. 131 ● Bars, clubs & sorties p. 156 ● Boutiques p. 189

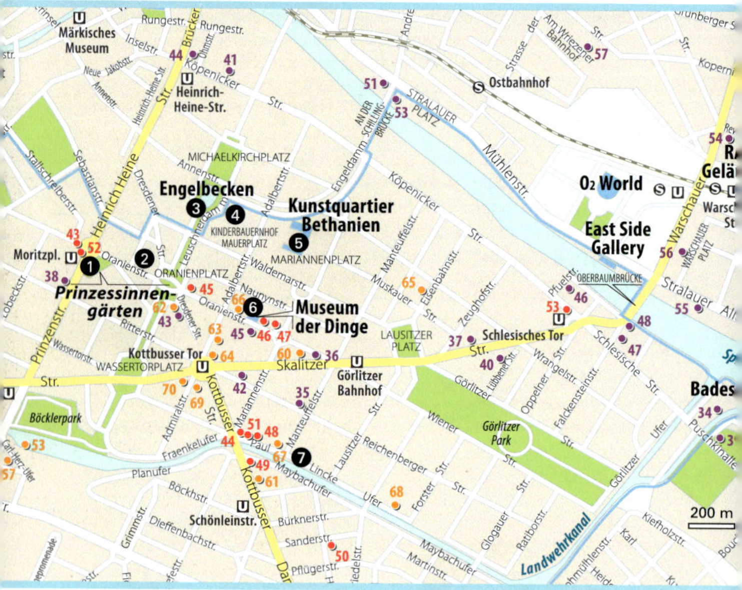

Plus que tout autre quartier de Berlin-Ouest, l'ancien quartier ouvrier de Kreuzberg fut marqué par le Mur, qui le bordait sur près de 10 km. Excentré et délabré, il devint à cette époque le foyer de la contestation et du mouvement alternatif. En parallèle, de nombreux travailleurs turcs s'y installèrent après l'accord économique signé en 1961 entre l'Allemagne de l'Ouest et la Turquie. Désormais au cœur de Berlin, Kreuzberg change petit à petit de visage, mais conserve une population cosmopolite et un esprit frondeur.

❶ PRINZESSINNEN-GÄRTEN**

Projet pilote lancé à l'été 2009, ce jardin urbain est devenu rapidement un modèle en la matière. Fondé par Robert Shaw et Marco Clausen, et cultivé par des volontaires du quartier, ce lieu a une vocation récréative et éducative. Les plantes cultivées dans des bacs mobiles seront facilement transportables le jour où le bail du terrain ne sera plus renouvelé. Profitez-en avant... Les plats du jour servis au café sont composés de produits régionaux agrémentés des légumes et herbes du jardin.

Prinzenstrasse 35-38
• http://prinzessinnengarten.net
• Mi-mars-avr. : mar.-ven. 9h-16h, mai-oct. : t.l.j. 10h-22h • Accès libre
Café : avr.-oct. 12h-22h.

Prinzessinnengärten

Oranienstrasse

❷ ORANIENSTRASSE**

Haut lieu du mouvement alternatif, cette artère colorée et animée dégage une atmosphère très particulière. Épiceries et restaurants turcs y côtoient les bars, clubs et boutiques où se donnent rendez-vous de nombreux Berlinois. Ses façades bourgeoises ouvrent sur de nombreuses arrière-cours typiques qui abritent encore ateliers et petites entreprises. Au n° 187, la deuxième cour de l'Oranienhof est vraiment très jolie avec ses briques vernissées blanches et vertes.

Engelbecken

❸ ENGELBECKEN*

Bassin des Anges

Face à la Michaelkirche s'étend un bassin encerclé de tonnelles autour duquel il est agréable de se promener. Cet espace en contrebas de la rue faisait partie du Luisenstädtischer Kanal, creusé à partir de 1848 pour relier le Landwehrkanal à la Spree puis rebouché en 1920. Idéal pour une pause pique-nique au bord de l'eau ou pour un verre au soleil couchant à la terrasse du Café am Engelbecken (t.l.j. 10h-minuit ; www.cafe-am-engelbecken.de).

En face de la Michaelkirchplatz.

❹ KINDERBAUERNHOF MAUERPLATZ*

Bel exemple du dynamisme associatif et créatif berlinois. Gérée par des bénévoles avec trois bouts de ficelle et une motivation à toute épreuve, cette **ferme pour enfants** permet aux plus jeunes de côtoyer chèvres, poules, poneys et autres animaux qui semblent parfois exotiques aux petits citadins. Faites comme les habitants du quartier, ne vous arrêtez pas aux apparences un rien piteuses.

Leuschnerdamm 9 (entrée par Adalbertstr.) • www.kbh-mauerplatz.de • T.l.j. 9h-18h • Accès libre (dons bienvenus).

❺ KUNSTQUARTIER BETHANIEN**

Quartier des Arts de Béthanie

Il fut un temps où l'ancien hôpital de Béthanie se trouvait au bout du monde... Menacé de destruction, puis objet d'occupations sauvages, ce vaste édifice néogothique (1847) fut transformé en centre culturel

Pause citoyenne : Südblock

En bordure du métro, ce bar-restaurant et sa grande terrasse résument bien l'effervescence de Kotti (appellation familière de Kottbusser Tor, place animée du quartier). Toutes générations et communautés se retrouvent ici pour une pause café ensoleillée, une salade le midi ou un concert le soir. Une adresse résolument ancrée dans la vie du quartier !

● 70 • Admiralstrasse 1-2 • ☎ 60 94 18 53 • www.suedblock.org • Lun.-mer. 12h-2h, jeu.-sam. 12h-3h, dim. 10h-2h • Plat du jour : 7,50 €.

dans les années 1970.
Doté aujourd'hui de 16 ateliers d'artiste, il organise des manifestations de toute nature : expos, performances...
Sur la même place se dresse l'**église Saint-Thomas,** un majestueux édifice de brique (1869) où se mêlent éléments néoclassiques et néoromans.
Mariannenplatz 2
• www.kunstquartier-bethanien.de
• T.l.j. 8h-22h (expositions 12h-19h).

❻ MUSEUM DER DINGE**

Musée des objets
Des barrettes à cheveux aux chaises, en passant par des salières, des téléphones et des robots mixeurs, tout y est ! Ce petit musée a accumulé les objets de consommation de masse des XXᵉ et XXIᵉ s. pour raconter de façon ludique une certaine histoire du design industriel, très joliment muséographiée.
Des expositions viennent compléter l'offre de la collection permanente. Allez-y en famille, partage de souvenirs garanti !
Oranienstrasse 25, 3ᵉ ét. • ☎ 92 10 63 11 • www.museumderdinge.org
• Jeu.-lun. 12h-19h • Entrée : 6 €.

❼ FRAENKELUFER ET PAUL-LINCKE-UFER**

Plantés de grands arbres, les quais qui longent le **Landwehrkanal** sont paisibles et bourrés de charme.
Les grandes façades en verre et les balcons fantaisistes des immeubles modernes voisinent avec les riches façades bourgeoises des demeures de la fin du XIXᵉ s.
Le Paul-Lincke-Ufer est bordé d'excellents restos (Horváth au n° 44) et de bars chaleureux (La Lucha au n° 39-41), et le quai offre une longue promenade verdoyante aux piétons et aux cyclistes.

Quais du Landwehrkanal

13 Friedrichshain ET L'EAST SIDE GALLERY

● Restos & bistrots p. 134 ● Bars, clubs & sorties p. 162 ● Boutiques p. 192

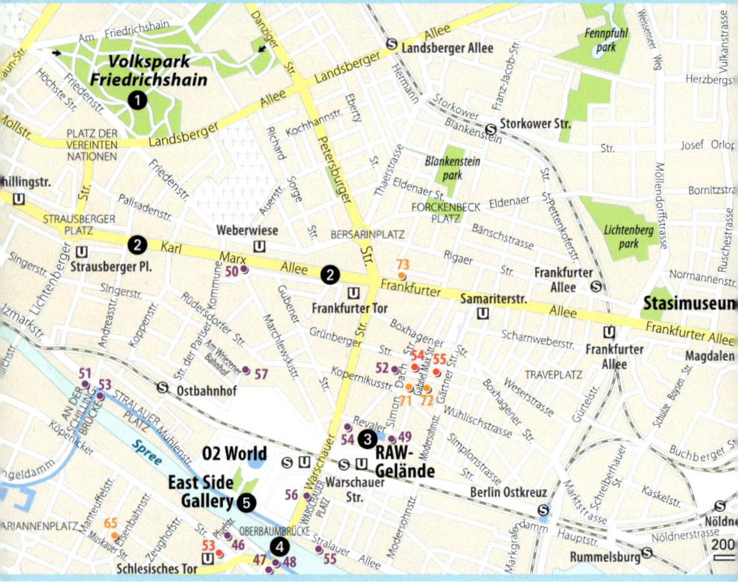

Remodelé après-guerre par les communistes, cet ancien faubourg ouvrier proche du centre résume à lui seul les métamorphoses que connaît Berlin depuis plusieurs années. La modicité de ses loyers et son atmosphère unique séduisent les artistes et les stylistes, les bars et les restaurants, sans oublier les clubs, qui apprécient ses usines désaffectées. À l'Est, il y a vraiment du nouveau !

❶ VOLKSPARK FRIEDRICHSHAIN**

Parc public de Friedrichshain
On peut dire que ce grand coin de verdure est en quelque sorte sous la protection des fées. En 1840 d'abord, le roi Frédéric-Guillaume IV, dans un grand élan de générosité, dota les quartiers populaires de l'Est berlinois d'un vaste parc. Ludwig Hoffmann ensuite, au début du XXe s., dessina la fontaine néobaroque à l'entrée, dont les bassins sont ornés d'une centaine de personnages tirés des œuvres des frères Grimm et dont le nom (Märchenbrunnen) signifie « fontaine des contes de fées ». En hiver, les statues sont protégées des intempéries par des cabanes en bois, il s'avère un peu plus difficile de les apercevoir. Troisième fée, la personne qui eut la belle idée d'installer le **café Schönbrunn** (☎ 453 05 65 25 ; www.schoenbrunn.net ; en été t.l.j. 10h-23h, en hiver lun.-jeu. et dim. 10h-19h, ven.-sam. 10h-22h ; plat : 10-25 €) au bord d'un plan d'eau, au pied d'une colline artificielle.
Am Friedrichshain.

❷ KARL-MARX ALLEE***

Bordée d'immeubles monumentaux et quasiment identiques, cette avenue longue de 2,6 km est pour le moins impressionnante. Édifiée entre 1951 et 1960, baptisée Stalinallee jusqu'en 1961, elle témoigne du rôle majeur des programmes d'urbanisation dans la compétition Est-Ouest. Répondant à la volonté socialiste de construire des logements en centre-ville, elle fut la vitrine du régime qui y présentait ses parades militaires chaque année.

D'ouest en est

À vélo ou à pied, parcourez l'Allee depuis la station Schillingstrasse jusqu'à Frankfurter Tor, en passant tout d'abord devant le **Kino**

Karl-Marx Allee

Pause alternative : Café Tasso

Le Tasso n'est pas un simple « café », mais un lieu convivial qui organise des concerts, prépare du riz basmati aux petits légumes bio, et vend des livres d'occasion (aussi en français) à 1,50 €, que l'on peut feuilleter en terrasse, sur un transat ou une chaise pliante.

73 • Frankfurter Allee 11 • ☎ 48 62 47 08 • www.cafe-tasso.de • T.l.j. 9h30-20h (cuisine 9h30-17h) • Plat du jour : 6-10 €.

International (n° 33) et l'ancien Café Moskau juste en face. Vous pourrez faire une pause au célèbre **Café Sybille** (n° 72), à l'ancienne librairie **Karl Marx Buchhandlung** (n° 78) ou à la boutique **Original in Berlin** spécialisée dans le design scandinave (n° 3). Les fans de jeux vidéo s'empresseront eux de découvrir le **Computerspielemuseum** au n° 93A (t.l.j. 10h-20h). Enfin si la route vous paraît trop longue… n'hésitez pas à emprunter la ligne 5 du métro !

3 RAW-GELÄNDE**

Ce terrain longeant les rails du S-Bahn, dont l'ancien propriétaire n'est autre que la compagnie ferroviaire Deutsche Bahn, est le centre névralgique de clubs parmi les plus fréquentés de la ville. Les entrepôts de la friche industrielle abritent aussi des expositions et des festivals comme à Urban Spree (p. 164), un **marché aux puces** chaque dimanche (9h-17h), un cinéma en plein air l'été (Cassiopeia), un skatepark et des murs d'escalade ! Une balade à ne pas manquer pour les amateurs de street art notamment et pour ceux que le bouillon de culture berlinois interpelle tout simplement.

Revaler Str. 99.

4 OBERBAUMBRÜCKE*

Construit à la fin du XIXe s., ce pont majestueux flanqué de deux tours est le plus long et le plus célèbre de Berlin. Édifié en brique rouge dans le style néogothique alors à la mode, il peut être traversé sur deux niveaux, dont un réservé au métro. Belle revanche pour ce point de passage Est-Ouest, que seuls pouvaient emprunter les piétons munis d'une autorisation.

Oberbaumbrücke

❺ EAST SIDE GALLERY★★★

C'est le plus long morceau de Mur restant dans Berlin, long de 1,3 km. En 1990, quelques mois après sa « chute », 118 artistes originaires d'une vingtaine de pays ont peint sa face orientale sur le thème de la division de l'Allemagne et de son unité retrouvée. Reliant le Oberbaumbrücke à la gare Ostbahnhof en longeant la Spree, cette fresque demeure hautement symbolique et emblématique de la fin de la guerre froide.

Œuvres célèbres

Les artistes ayant réalisé les fresques sont pour la plupart membres de l'association chargée de la préservation du site désormais protégé. Certaines œuvres sont devenues de véritables motifs de cartes postales repris dans le monde entier, comme le baiser de Leonid Brejnev et Erich Honecker à l'occasion des 30 ans de la RDA en 1979, repris par le peintre russe Dmitri Vrubel, ou la voiture Trabant traversant le mur, peinte par Birgit Kinder.

The Wall Museum East Side Gallery

Juste derrière l'East Side Gallery et avant le pont a ouvert en 2016 ce musée consacré à l'histoire du Mur. Malgré les efforts d'une présentation multimédia attractive, le contenu arrangé dans un labyrinthe de salles étriquées n'est pas à la hauteur

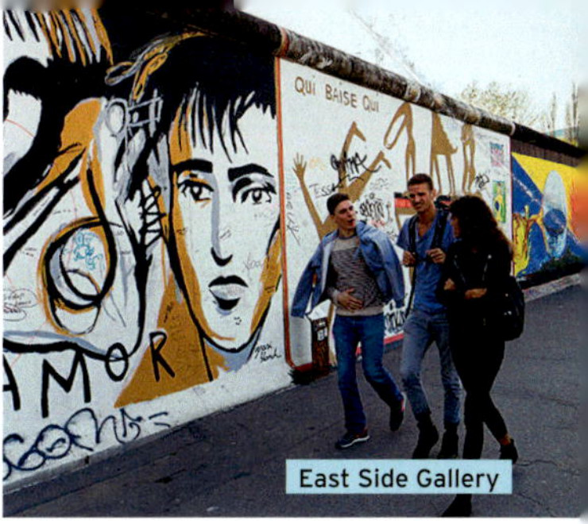

East Side Gallery

des espérances. Pour en apprendre davantage sur la complexité du quotidien des Berlinois à l'ère du rideau de fer, rendez-vous au mémorial du Mur situé sur la Bernauer Strasse (p. 48).

Wall Museum : Mühlenstrasse 78-80 • ☎ 63 96 26 62 • www.thewallmuseum.com • T.l.j. 10h-19h • Entrée 12,50 €.

❻ STASIMUSEUM

Surveillance, manipulations, contre-espionnage, torture... : le musée aménagé sur 3 étages à l'intérieur de l'ancien ministère de la Sûreté de l'État fait froid dans le dos, mais il donne un bon aperçu des méthodes de travail de la police secrète de la RDA. Si vous avez vu *La Vie des autres*, vous reconnaîtrez sans peine certains bureaux (plusieurs scènes du film y ont été tournées). Une partie des archives de la Stasi – 39 millions de fiches et 112 km de dossiers – est conservée dans le bâtiment d'à côté.

Ruschestrasse 103 (bâtiment n° 1) • ☎ 030 553 68 54 • www.stasimuseum.de • Lun.-ven. 10h-18h, sam.-dim. 11h-18h • Entrée : 6 €.

Cultures alternatives

Berlin s'est constitué par le rattachement progressif de quartiers, processus qui s'est achevé en 1920 par la création du Grand Berlin. Il n'est donc pas surprenant que chaque quartier, par sa richesse culturelle et sa créativité propre, soit au cœur de l'évolution de la ville. Parmi ces quartiers, dont une grande partie de la réputation est liée aux lieux de création qui les font exister, certains sont plus emblématiques que d'autres.

LA SCÈNE ALTERNATIVE

À Berlin-Ouest, la contestation étudiante des années 1970 donne naissance à des **communautés autogérées** qui s'installent illégalement dans des espaces délabrés et inoccupés, surtout à **Kreuzberg,** près du Mur. Ces squats apportent une visibilité à la **culture alternative** en générant une scène artistique et sociale où s'exprime une culture de quartier en rupture avec les modèles officiels. À Berlin-Est, bien que moins visible, un mouvement similaire se développe à Prenzlauer Berg. Une seconde vague d'occupation survient après 1989, menée par des artistes qui investissent les espaces vacants du **Scheunenviertel, à Mitte.** Théâtres, galeries, bars et discothèques ouvrent du jour au lendemain, et Mitte devient synonyme d'avant-garde. Face à cette effervescence, les autorités décident de rénover le quartier, une réhabilitation très réussie, comme en témoigne le succès des **Hackesche Höfe** (voir p. 47). **Prenzlauer Berg,** peu détruit mais laissé à l'abandon par les autorités communistes, connaît une évolution semblable. Les centres alternatifs y explosent à partir de 1989, entretenant la réputation bohème du quartier. Mais, victime de son succès, celui-ci est progressivement restauré et ne conserve que peu de lieux véritablement alternatifs (Dock 11, voir

p. 101). Ceux qui n'ont pas accepté ces nouvelles règles du jeu se sont ensuite installés à **Friedrichshain,** quartier qui conserve toujours des immeubles non encore réhabilités et des entrepôts et usines désaffectés (Raw-Gelände, voir p. 92).

LA SCÈNE TECHNO

Prolongement de la musique house, la musique techno connaît un succès foudroyant à Berlin dans les années 1990. Ouverte depuis les années 1970 aux musiques électroniques et aux **mouvements underground,** la capitale allemande fournit alors un cadre idéal pour un tel épanouissement. Bâtiments laissés à l'abandon, mais aussi bunkers, hangars et entrepôts désaffectés offrent autant de lieux aussi insolites qu'improbables pour monter des clubs plus ou moins légaux et organiser des **raves clandestines.** Devenue plus officielle, la **scène techno** n'en reste pas moins mouvante, même si elle se concentre depuis quelques années à **Friedrichshain,** dans les environs de l'Ostbahnhof.

CULTURE GAY

Berlin est l'une des rares capitales européennes où l'homosexualité se vit au grand jour. Un droit de cité qui se manifeste par une réelle participation à la vie politique. C'est le résultat d'une longue histoire qui vit les persécutions nazies succéder à l'âge d'or des années 1920. Même si elle s'étend dans toute la ville, la culture homosexuelle se concentre dans les quartiers de **Schöneberg, Kreuzberg et Prenzlauer Berg.** C'est à Schöneberg, quartier historique de la communauté homosexuelle, que celle-ci est la plus visible (autour de la Motzstrasse) avec ses commerces, ses bars mythiques, son musée (Schwules Museum, voir p. 81) et son centre d'information (Mann-O-Meter, Bülowstrasse 106, ☎ 216 80 08, lun.-ven. 17h-22h, sam.-dim. 16h-20h). À Kreuzberg se trouvent les bars et clubs les plus ouverts. **Prenzlauer Berg** est un mélange subtil entre bars historiques datant de la RDA et nouvelles adresses où se presse une clientèle plus bobo (voir p. 96).

14 Prenzlauer Berg

● Restos & bistrots p. 135 ● Bars, clubs & sorties p. 165 ● Boutiques p. 193

Étrange destin que celui de cet ancien quartier ouvrier qui fut le centre de la contestation de 1989 à l'Est, puis le berceau d'une communauté alternative très active avant de se transformer profondément au fil des années 2000. Relativement épargnés par les bombardements, les anciens immeubles ont presque tous été rénovés, obligeant une partie des habitants à déménager à la suite de soudaines hausses de loyer. La population du quartier a changé, elle est désormais plus jeune et plus aisée. Prenzlauer Berg est un quartier où l'on aime se promener.

Kollwitzplatz

❶ KOLLWITZPLATZ*

Au centre de cette place ombragée bordée d'immeubles bourgeois se dresse une statue de Käthe Kollwitz, réalisée par Gustav Seitz. Artiste engagée, amie de Rodin et d'Ernst Barlach, elle vécut à l'angle de la Käthe-Kollwitz-Strasse et de la Knaackstrasse, dans une maison détruite pendant la guerre. Le mémorial de la Neue Wache, juste à côté du Deutsches Historisches Museum (p. 43), abrite la reproduction d'une de ses sculptures *(La Mère et son fils mort)*, et un très beau musée lui est consacré à Charlottenburg (p. 77). Le marché bio organisé chaque samedi (janv.-mars : jeu. 12h-18h, avr.-déc. 12h-19h, sam. 9h-16h) sur la place pourra être l'occasion d'une pause gourmande.

❷ DIE SYNAGOGE**

Édifiée en 1904, c'est l'unique synagogue à ne pas avoir été incendiée lors de la Nuit de cristal. Non qu'elle fût épargnée par les nazis, mais ceux-ci se contentèrent de la saccager sans prendre le risque de mettre le feu aux bâtiments résidentiels voisins. Elle fut restaurée après la guerre, avec l'aide de l'État communiste.

Rykestrasse 53 • Ne se visite pas.

❸ WASSERTURM*

Au beau milieu d'une place verdoyante, ce grand **château d'eau** en brique, construit au XIXe s. et désaffecté en 1914,

Wasserturm

présente l'originalité d'avoir été transformé en logements. Une plaque commémorative rappelle qu'il fut, sous le nazisme, utilisé comme prison et chambre de torture par les SA, et que de nombreux opposants au régime y furent assassinés.

❹ PFEFFERBERG★★

Décidément, à Berlin, l'architecture industrielle fascine les artistes ! Avec le Kulturbrauerei et le Dock 11 (p. 101), voici que l'ancienne brasserie Pfeffer s'est convertie, elle aussi, en « centre culturel alternatif » : on y organise concerts, expositions, conférences et festivals (www.pfefferberg-haus13.de). Vous y trouverez aussi le **Biergarten Pfefferbräu** (bât. n° 15-16, www.pfefferbraeu.de, mar.-jeu. 16h-minuit, ven.-sam. 16h-1h, dim. 16h-23h) et un hôtel bon marché, le **Pfefferbett** (p. 216).

Christinenstrasse 18-19 et Schönhauser Allee 176.

❺ JÜDISCHER FRIEDHOF★★

Cimetière juif

En 1827, quand le cimetière de la Grosse Hamburger Strasse se révéla trop petit, celui-ci ouvrit pour accueillir les juifs Berlinois. Fermé en 1880, il demeura un lieu de sépulture pour la bourgeoisie et l'intelligentsia jusqu'à l'entre-deux-guerres. Sous de grands arbres reposent notamment le compositeur Giacomo Meyerbeer et le peintre Max Liebermann, mort en 1935. Près de l'entrée principale se dresse un mémorial

Kulturbrauerei

Pause fleurie : Blumencafé

En hiver comme en été, il est toujours agréable de se retrouver entouré de verdure en pleine ville. Voici une expérience unique en son genre : un café installé au milieu des fleurs. Vous ne manquerez pas la devanture du fleuriste débordant sur le trottoir de la Schönhauser Allee. Idéal pour bruncher ou pour une pause plus tard dans la journée : soupe, quiche et gâteaux vous seront proposés. Ne vous étonnez pas si vous entendez un perroquet, il fait partie de la maison.

● 84 • Schönhauser Allee 127A • ☎ 44 73 42 26 • www.blumencafe-berlin.de • Lun.-jeu. 10h-18h, ven.-sam. 10h-20h, dim. et j.f. 10h-16h • Quiche : 3,90 €.

aux victimes de l'Holocauste. N'hésitez pas à demander un plan pour pouvoir vous orienter.

Schönhauser Allee 23-25 • ☎ 88 02 81 03 • www.jg-berlin.org • Lun. 8h-13h, mar.-ven. 9h-13h • Accès libre.

6 KULTURBRAUEREI★★★

Ce vaste complexe culturel et festif est installé dans l'ancienne brasserie Schultheiss, datant de la fin du XIXe s. Avec ses six cours et sa vingtaine de bâtiments néogothiques (signés Franz Schwechten), le complexe accueille 25 000 m² d'offre culturelle dynamique. Vous y trouverez des restaurants, des salles de concerts, un cinéma, plusieurs boutiques et le départ de circuits à vélo (Berlin on Bike). Le **Museum in der Kulturbrauerei** (mar.-dim. 10h-18h, jeu. jusqu'à 20h ; accès libre) présente une instructive exposition sur le quotidien en RDA. Enfin, chaque dimanche, la cour accueille un *street food market* (12h-18h) et, en décembre, un très beau marché de Noël !

Knaackstrasse 97 • ☎ 46 77 77 911 • www.kulturbrauerei.de • Mar.-mer. 10h-18h, jeu. 10h-20h, ven.-dim. 10h-18h • Visites guidées sam. à 16h, dim. à 14h30 (1h ; gratuite ; arrivée 30 min. avt le début de la visite) : résa au ☎ 46 77 77 911.

7 HELMHOLTZPLATZ★

Bordée de beaux immeubles bourgeois, cette place s'organise autour d'un vaste square planté de grands arbres, très fréquenté par les enfants du quartier.
Les rues alentour sont quant à elles jalonnées de salons de coiffure, de jolis cafés et de charmantes boutiques, comme **Victoria met Albert** (Dunckerstrasse 81, ☎ 44 67 47 72, www.victoriametalbert.com, lun.-sam. 11h-20h), avec sa sélection de vêtements et d'objets variés pour la maison et les enfants.

Mauerpark

❽ DUNCKERSTRASSE 77*

Pour vous faire une idée des conditions de vie des ouvriers dans le Berlin des années 1900, faites un tour au 1er étage de cet immeuble construit par Heinrich Brunzel (1895). Vous pourrez y visiter – au-dessus du porche – un appartement resté entièrement en l'état. Très instructif. Pensez à laisser un pourboire au gardien !

Dunckerstrasse 77
- ☎ 445 23 21
- www.mitundfuereinander.de
- Lun.-mar. et jeu.-dim. 11h-16h30
- Entrée : 3 €.

❾ MAUERPARK*

À quelques blocs du mémorial de la Bernauer Strasse (p. 48), ce grand parc se trouve sur l'ancienne ligne de démarcation entre l'Est et l'Ouest. Du haut de la butte longeant le stade, le vide laissé par le Mur et son no man's land attenant est toujours nettement visible. On y va pour le gigantesque **marché aux puces** (mars-oct. dim. 9h-18h). Touristique, mais toujours très apprécié des Berlinois.

Bernauer Strasse 63-64
- www.mauerpark.info

❿ ODERBERGER STRASSE*

C'est, avec Kastanienallee, la rue la plus animée de cette partie de Prenzlauer Berg. Il y règne pourtant une atmosphère paisible, presque campagnarde. Bordée de beaux immeubles joliment restaurés, elle a su préserver toute son authenticité en dépit des nombreux cafés, restaurants et boutiques plutôt branchés qui s'y sont établis. Le soir venu, les terrasses sont bondées, mais l'ambiance reste bon enfant. Aux nos 57-59, les superbes **bains municipaux** de style néo-Renaissance construits en 1902 par Ludwig Hoffmann, désaffectés depuis les années 1940, ont été réhabilités et forment désormais le cœur du très chic **Hotel Oderberger** (www.hotel-oderberger.berlin ; bains : ven.-mar. - parfois t.l.j. - 7h-22h ; sauna : 16h-22h ; bains 6 €, bains + sauna 19 €).

⓫ DOCK 11*

Autre grand centre de la culture alternative, le Dock 11 occupe deux très belles cours de brique, en enfilade, comme il se doit à Berlin. L'ensemble est consacré à la danse contemporaine avec des studios et des ateliers dans la première cour et un théâtre dans la seconde. Il y a bien évidemment un café. Rendez-vous sur le site Internet pour connaître la programmation.

Kastanienallee 79 • ☎ 448 12 22 • www.dock11-berlin.de • Lun.-ven. 9h-20h, sam.-dim. 20h-22h30.

Pause mythique : Prater

Impossible de penser connaître Berlin sans s'être attablé dans un de ses nombreux *Biergärten* (p. 145). En plus d'être le plus ancien de la ville, celui-ci est immense et très populaire, et abrite une galerie qui organise des manifestations artistiques. Spectacle et musique garantis en buvant de la bière (3,50 € les 0,3 l et 4,50 € les 0,5 l de *Schwarzbier*) et en dégustant quelques bons plats rustiques côtelette avec pommes de terre et haricots verts (24,50 €). Après une soirée bien arrosée, vous aurez découvert le vrai sens de la convivialité à l'allemande ! Attention : pas de carte bancaire !

● 62 • **Kastanienallee 7-9**
• ☎ 448 56 88
• www.pratergarten.de
• Restaurant : lun.-sam. 18h-23h, dim. 12h-23h • *Biergarten* : avr.-sept. t.l.j. 12h-minuit.

15 Dahlem, ENTRE LACS ET MUSÉES

● Restos & bistrots p. 138

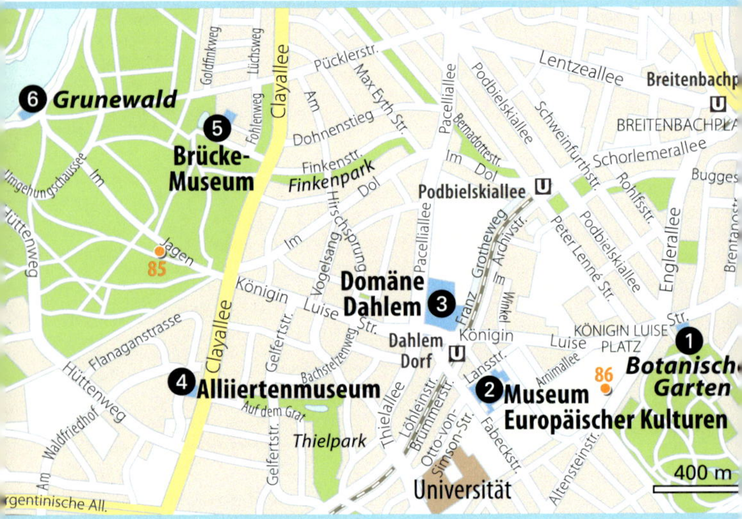

Au sud-ouest de Berlin, niché dans la verdure en bordure du lac de Grunewald, Dahlem est un quartier paisible, très prisé depuis le début du XXe s. par la bourgeoisie berlinoise qui y a construit d'élégantes villas. Cette ville à la campagne abrite des musées très intéressants ainsi qu'un campus universitaire de renommée internationale, la Freie Universität Berlin, fondée au lendemain de la Seconde Guerre mondiale en zone d'occupation américaine, en réponse à la mainmise du régime communiste sur l'université d'Unter den Linden. À l'écart du centre-ville, Dahlem est la destination idéale pour une journée culturelle et champêtre.

❶ BOTANISCHER GARTEN★★

Le **jardin botanique** (43 ha) est idéal pour une promenade romantique et instructive. On peut y découvrir plus de 22 000 variétés de plantes, présentées par régions d'origine. Il abrite aussi des serres, dont la plus grande (1906) renferme de splendides spécimens tropicaux (orchidées, plantes carnivores, etc.).

Königin-Luise-Platz • ☎ 83 85 01 00 • www.botanischer-garten-berlin.de • Nov.-janv. : t.l.j. 9h-16h ; fév. : t.l.j. 9h-17h ; mars et oct. : t.l.j. 9h-18h ; avr.-août : t.l.j. 9h-20h ; sept. : t.l.j. 9h-19h • Entrée : 6 €.

❷ MEK - MUSEUM EUROPÄISCHER KULTUREN ★★

Musée des Cultures européennes

Les riches collections - ethnographie, art asiatique... - qui occupaient ce complexe muséal ont quitté Dahlem en 2018 pour s'installer au Château de Berlin. Toutes ? Non : il reste un passionnant musée des Cultures européennes qui compte à lui seul 280 000 objets dans ses réserves. Pour l'instant, on ne peut en voir qu'une petite sélection - charrette sicilienne, masque hongrois, crèche de Noël des monts Métallifères... - mais il donne une belle idée de la diversité des traditions en Europe et des liens qui se sont tissés entre les différentes cultures. Deux salles sont dédiées à des expos temporaires.

Arnimallee 25 • ☎ 83 01 429 • www.smb.museum • Mar.-ven. 10h-17h, sam.-dim. 11h-18h • Entrée : 8 €.

❸ DOMÄNE DAHLEM★★

Si un dépaysement campagnard vous tente, pourquoi ne pas visiter cette ferme de 15 ha ? Composé d'un manoir du XVIe s. et d'un imposant corps de ferme du XIXe s., le domaine abrite un écomusée, des animaux, et propose

Botanischer Garten

des ateliers destinés surtout aux enfants. Marchés, concerts et fêtes champêtres y sont organisés. Vous pourrez déjeuner sur place au café situé dans l'ancienne remise au centre de la cour : produits bio et régionaux sont au menu.

Königin-Luise-Strasse 49 • ☎ 666 30 00 • www.domaene-dahlem.de • Herenhaus : mer.-lun. 10h-18h • Culinarium : mer.-ven. 14h-17h, sam.-dim. 10h-17h • Entrée : 5 € (pour le musée).

❹ ALLIIERTENMUSEUM*

Musée des Alliés

Aménagé dans un ancien cinéma des forces américaines, ce musée met en lumière le rôle joué par les Alliés (Américains, Britanniques et Français) de 1945 à 1994. Les collections comprennent de nombreux documents d'archives (photos, bandes, vidéos), mais aussi des armes, des maquettes et des objets du quotidien. Chaque année, le musée présente

Pause au vert : Das Café in der Gartenakademie

Ancien institut d'horticulture organisant toujours séminaires et événements, la Gartenakademie accueille également dans ses serres quelques boutiques spécialisées et un très beau café. Calme et verdure garantis pour une pause déjeuner ou goûter faite de produits régionaux et de saison. Superbe brunch-buffet le dimanche de 10h à 14h sur réservation (22,50 €).

● 86 • Altensteinstrasse 15A • ☎ 83 22 09 029 • www.dascafeindergartenakademie.de • Avr.-sept. : mar.-sam. 10h-19h, dim. 10h-16h ; oct.-mars : mar.-sam. 10h-17h30, dim. 10h-16h • Salade de fruits frais : 6,80 €.

Brücke-Museum

une exposition thématique généralement rattachée à un événement historique.

Clayallee 135 • ☎ 818 19 90 • www.alliiertenmuseum.de • Mar.-dim. 10h-18h • Accès libre.

5 BRÜCKE-MUSEUM***

En bordure de la forêt de Grunewald, ce petit musée est consacré au mouvement expressionniste Die Brücke (Le Pont). Fondé en 1905 à Dresde, ce courant réunissait, entre autres peintres, Kirchner, Schmidt-Rottluff, Pechstein et Nolde. Inauguré en 1967, le musée présente quelque 400 toiles, dont 74 léguées par Schmidt-Rottluff en 1964, et des centaines de dessins, gravures et aquarelles. Passionnant et indispensable pour appréhender l'avant-garde allemande du début du XXe s.

Bussardsteig 9 • ☎ 831 20 29 • www.bruecke-museum.de • Mer.-lun. 11h-17h • Entrée : 6 €.

6 GRUNEWALD*

Il est difficile de croire, une fois enfoncé dans cette vaste forêt entourée de lacs à l'est et par la Havel à l'ouest, que l'on se trouve sur le territoire de la plus grande ville d'Allemagne. Il faut compter 15 min de marche sur Im Jagen depuis l'arrêt de bus Clayallee (X83) pour accéder au lac Grunewaldsee et se promener sur ses berges. Vous verrez le **Jagdschloss Grunewald,** pavillon de chasse que se fit construire l'Électeur Joachim II au XVIe s. La demeure remaniée en style baroque possède une splendide salle Renaissance et conserve une collection de portraits prussiens (XVIIe et XVIIIe s.), des œuvres de Cranach et de Rubens.

Jagdschloss Grunewald : Hüttenweg 100, am Grunewaldsee • ☎ 813 35 97 • www.spsg.de • Avr.-oct : mar.-dim. 10h-18h ; nov.-déc. et mars : sam.-dim. 10h-16h, seulement en visite guidée (10h20-15h) • Entrée : 6 €.

16 Neukölln, À L'EST DE TEMPELHOF

● Restos & bistrots p. 138 ● Bars, clubs & sorties p. 166

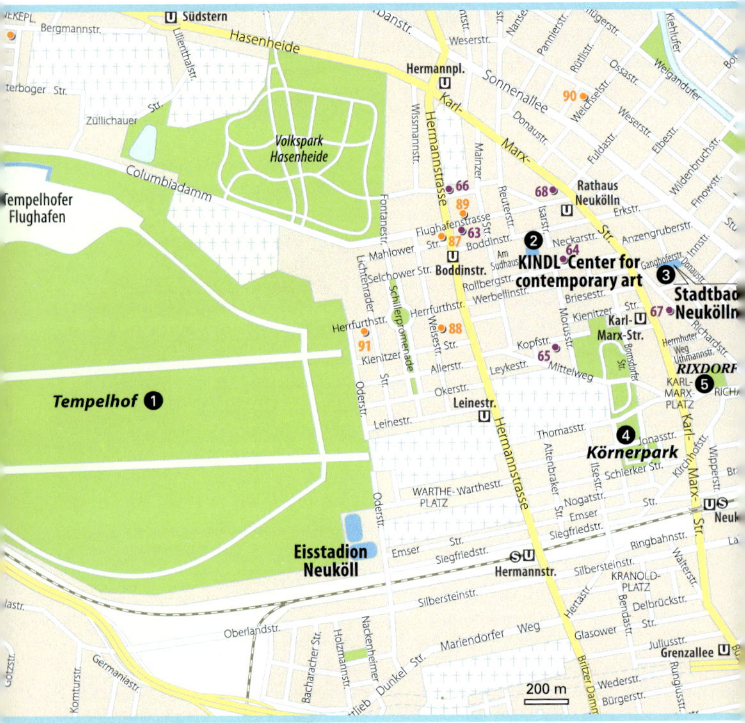

Neukölln a vécu une rapide transformation depuis la fin des années 2000. Artistes et jeunes actifs s'y sont installés, accompagnant l'ouverture de nombreux commerces. Avec la réhabilitation de l'aéroport de Tempelhof en parc public, le quartier est devenu très attractif. Dans beaucoup de cafés, les serveurs parlent espagnol, turc ou anglais, mais pas allemand.

❶ TEMPELHOF***

Principal espace vert de Berlin s'étendant sur plus de 300 ha, cet ancien aérodrome fermé en 2008 est devenu un parc deux ans plus tard. Le bâtiment construit entre 1936 et 1941 selon les plans d'Ernst Sagebiel est le plus grand monument classé d'Europe. Tempelhof est aujourd'hui un terrain de jeu très cher aux Berlinois.

Aéroport célèbre

C'est l'une des réalisations du plan d'urbanisme titanesque Germania qu'imagina Adolf Hitler à l'aube du IIIe Reich. Le site fut dédié à la production d'armements pendant la Seconde Guerre mondiale avant d'être le théâtre du pont aérien coordonné par les États-Unis au début de la guerre froide : 324 jours durant, des avions ravitaillèrent Berlin-Ouest suivant une cadence allant jusqu'à un atterrissage par minute.

Poumon vert

Le parc est composé de vastes pelouses, d'une prairie protégée pour conserver la biodiversité du site et des anciennes pistes de l'aéroport, sur lesquelles cohabitent désormais cyclistes et kitesurfeurs. Que l'on vienne pour faire un footing ou pour flâner au milieu du jardin communautaire mis en place par les habitants du quartier, on quitte ce lieu avec le souvenir d'une expérience unique.

Champ libre

Stigmate de l'Histoire, Tempelhof est devenu un symbole de liberté et d'engagement citoyen. Lors d'un référendum en 2014, les Berlinois se sont exprimés pour la conservation de 100 % de

Tempelhof

surface libre, refusant les projets immobiliers proposés. Alors que son avenir reste pourtant incertain, le site demeure un passionnant laboratoire d'expérimentations citoyennes.
Oderstrasse, Tempelhofer Damm, Columbiadamm • www.thf-berlin.de
Parc : accès gratuit t.l.j. du lever au coucher du soleil
Bâtiment : vis. guid. en anglais sur résa (☎ 200 037441 ou tour@thf-berlin.de ; mer., ven.-dim. à 13h30 ; 2h ; 15 €).

❷ KINDL - CENTER FOR CONTEMPORARY ART**

L'ancienne brasserie Kindl a été rachetée par un couple suisse-allemand et réhabilitée en centre d'art contemporain. Environ 1 600 m² d'espaces d'exposition surprenants, inaugurés en septembre 2016, vous attendent sur trois niveaux. L'ancienne chaufferie *(Kesselhaus)* haute de 20 m présente chaque année un nouvel artiste pour une installation *in situ*, et le café König Otto a pris place entre les majestueuses cuves de brassage cuivrées. À découvrir absolument !
Am Sudhaus 3 • ☎ 83 21 59 120 • www.kindl-berlin.de • Mer.-dim. 12h-18h • Entrée : gratuite ou 5 € selon les expositions.

❸ STADTBAD NEUKÖLLN**

Bains municipaux de Neukölln

Ne vous fiez pas à son aspect gris d'extérieur, c'est, sans aucun doute, la plus belle piscine publique de Berlin ! Sa construction date de 1914, et l'intérieur est orné de mosaïques et de sculptures de style antique. On y va pour profiter du décor et de l'eau à 30° plutôt que pour un entraînement sportif, les bassins ne mesurant que 19 et 25 m de long. Également un espace sauna ouvert tard le soir en hiver.
Ganghoferstrasse 3 • ☎ 22 19 00 11 • www.berlinerbaeder.de/baeder/stadtbad-neukoelln
Piscine : lun. 10h-22h30 (réservé aux femmes), mar. et jeu. 14h-22h30, mer. 11h-22h30, ven. 13h-22h30, sam.-dim. 10h-22h30 (réservé aux naturistes dim. 19h-22h30) • Entrée : 5,50 €
Sauna : t.l.j. 10h-22h30 (lun. réservé aux femmes) • Entrée : 19 €.

Rixdorf

Pause cosy : Engels

Située à quelques pas de l'entrée du parc Tempelhof, cette adresse est très appréciée des habitants du quartier et des promeneurs, du petit déjeuner jusqu'au soir. Caractéristique des cafés de Neukölln, il est décoré de meubles chinés et propose des *Frühstück*, gâteaux et plats du jour. La nuit venue, les bougies s'allument dans la salle, qui accueille certains soirs des projections de films ou des concerts.

● 91 • Herrfurthstrasse 21
• ☎ 64 49 90 67
• T.l.j. 10h-minuit.

❹ KÖRNERPARK*

Enclave de verdure de 3 ha agrémentée de bassins et d'arcades néobaroques, ce parc rectangulaire est situé en contrebas des rues alentour et s'avère ainsi une vraie surprise pour le promeneur. Il fut construit sur le terrain d'une ancienne carrière, entre 1912 et 1916, par le village de Rixdorf, devenu par la suite un quartier de Berlin-Neukölln. Des concerts et des lectures y sont organisés l'été, pendant que son orangerie abrite une galerie d'art et un café ouverts toute l'année.

Schierker Strasse 8
• www.körnerpark.de
• Mar.-dim. 10h-20h • Accès libre.

❺ RIXDORF**

Une surprise vous attend à un saut de puce de la Karl-Marx-Strasse : l'**ancien village tchèque** de Rixdorf, fondé au XVIIIe s. par 320 protestants chassés de Bohême en raison de leur religion. Vous le trouverez bien caché autour de la Richardplatz où trône la statue du roi de Prusse de l'époque, Frédéric Guillaume Ier, qui les avait accueillis à bras ouverts. N'hésitez pas à flâner dans le quartier : la Kirchgasse a du charme, surtout aux beaux jours. Pour un peu, on se croirait à la campagne...

www.visitberlin.de/fr/richardplatz

Restos & bistrots

PAR QUARTIER

Les coups de cœur 2019 DE NOTRE AUTEUR

Difficile de faire son choix, tant il y a de restos et de cafés à Berlin ! Notre auteur en a testé de nombreux. Certains lui ont laissé un très bon souvenir par leur cadre ambiant, d'autres par la saveur de leurs plats, même les moins chers. Voici ses adresses préférées.

PETERPAUL

Des tapas à l'allemande qui fondent dans la bouche et des petits vins du Palatinat. Succulent ! Voir p. 121.

THE BARN CAFÉ

Minuscule mais adorable, c'est le genre de café auquel on devient vite accro. Voir p. 121.

BORCHARDT

Une sympathique brasserie pratiquant, le midi, des prix corrects. Voir p. 115.

ZEIT FÜR BROT

Un boulanger qui fait des miracles et d'excellents sandwiches. Voir p. 117.

PeterPaul

Lavanderia Vecchia

NENI BERLIN

Pour ses petits plats du Levant et sa vue spectaculaire sur le Zoo. Réservation indispensable ! Voir p. 125.

LAVANDERIA VECCHIA

Le meilleur italien à l'heure du déjeuner ? Une ancienne laverie dans une arrière-cour de Neukölln. Voir p. 139.

À SAVOIR

QUAND MANGER ?

Le Berlinois a une politique très stricte quant à ses heures de repas : il mange... quand il a faim. Envie d'un petit déjeuner à midi, d'un déjeuner à 16h, d'un dîner à 21h ? Aucun souci. Non seulement les cuisines sont ouvertes en continu, mais en plus votre requête ne surprendra personne. Dans le même esprit de tolérance, ne vous sentez jamais contraint de devoir libérer une table.

COMBIEN ÇA COÛTE ?

En dehors de quelques **restaurants gastronomiques** ou plus chics pratiquant des tarifs plus élevés, les établissements de la ville affichent des prix assez bas pour une capitale européenne. Dans les ***Imbiss*** (p. 126), vous trouverez de quoi couper la faim pour 4-5 € ; si vous préférez un ***Kneipe*** (bistrot) ou un **café,** vous déjeunerez facilement pour moins de 10 €. Un **pourboire de 10 %** est de rigueur (sauf service désastreux). Veillez en revanche à l'annoncer au moment de régler, il n'est pas d'usage de laisser les pourboires sur la table. Enfin, de très nombreuses adresses n'acceptent pas les cartes bancaires.

BONS PLANS

Si vous souhaitez tester la **cuisine berlinoise de haut vol,** mais à **prix réduits,** soyez attentif aux **formules déjeuner.** La plupart des restaurants gastronomiques proposent des « business lunch » et autres menus du midi à des prix incroyablement bas. Pour un déjeuner au plus près de l'effervescence de la ville et de ses habitants, passez les portes des ***Mensen* :** ces cantines berlinoises situées dans des lieux publics (mairie, Bundestag...) sont la plupart du temps ouvertes au public et affichent des prix compétitifs. Beaucoup de musées disposent également d'une **cafétéria** de qualité.

SE REPÉRER

Chaque adresse de restaurant est associée à une pastille orange numérotée. Vous retrouverez toutes les adresses positionnées sur le plan détachable.

Restos & bistrots PAR QUARTIER

Autour de la porte de Brandebourg (Quartier 1 - p. 26)

ISHIN
Japonais ① Plan G7

Pas toujours facile de savoir où s'arrêter entre les ambassades d'Unter den Linden et les bureaux de la Friedrichstrasse. Ishin est une grande cantine proposant sushis et autres plaisirs japonais à un très bon rapport qualité/prix. Le flux de clients est important, mais le service rapide et efficace. Un thé vert ou un café vous sera offert à votre arrivée, eau chaude à volonté. Pour les fans, cette enseigne possède trois autres adresses : Bundesallee 203 (C4), Schlossstr. 101 (HP par B5) et Charlottenstr. 16 (G8).

Mittelstrasse 24 • Ⓤ & Ⓢ Brandenburger Tor et Friedrichstrasse • ☎ 20 67 48 29 • www.ishin.de • Lun.-ven. 11h30-21h30, sam. 12h-21h30 • Menu 6 sushis : 6,50 € (avant 16h) et 8,50 € (après 16h).

CAFÉ EINSTEIN
Café ② Plan G7

Le Café Einstein a une atmosphère viennoise feutrée et élégante très agréable pour se détendre. Vous aurez le choix entre plusieurs cafés et d'excellentes pâtisseries (5,10 € l'*Apfelstrudel*), et vous pourrez bien sûr lire le journal. Le personnel est attentif, et vous pourrez profiter de la terrasse sur la plus belle avenue de Berlin.

Unter den Linden 42 • Ⓤ & Ⓢ Brandenburger Tor et Friedrichstrasse • ☎ 204 36 32 • http://einstein-udl.com • Lun.-ven. 7h-22h, sam.-dim. 8h-20h.

VOIR AUSSI :

Café LebensArt | p. 31 |
③ Plan G8

Le long de la Friedrichstrasse (Quartier 2 - p. 32)

NOLLE
Allemand ④ Plan G7

Située sous les arcades de la gare de Friedrichstrasse, cette brasserie années 1920 a vraiment du charme (plafond d'origine). Prix raisonnables pour une cuisine internationale de qualité qui propose aussi, bien sûr, des spécialités berlinoises et allemandes.

Georgenstrasse, S-Bahnbögen 203 • Ⓤ & Ⓢ Friedrichstrasse • ☎ 208 26 45 • www.restaurant-nolle.de • Lun.-jeu. 11h30-23h, ven.-sam. 11h30-minuit, dim. 11h30-16h • Plat allemand : 15 €.

Notre top
DES *FRÜHSTÜCK*

Le petit déjeuner *(Frühstück)* est une véritable institution en Allemagne. C'est un équivalent du brunch, mais certains cafés le servent tous les jours de la semaine, et il devient un moment privilégié le week-end. À l'assiette ou sous forme de buffet, c'est une sélection de fromages, charcuteries, poissons, agrémentés d'œufs et de fruits, qui est proposée.

Das Café in der Gartenakademie

OXYMORON

À tester pour son *frühstück regional* avec fromage frais aux herbes et jambon fumé bio. Voir p. 122.

DAS CAFÉ IN DER GARTENAKADEMIE

À grouper avec la visite du Jardin botanique, voici une étape obligée si vous allez à Dahlem. Voir p. 104.

ENGELS

Les habitants du quartier passent ici à tout moment pour une pause. Voir p. 109.

HOUSE OF SMALL WONDER

Un espace chaleureux comme une cabane perchée, insolite en plein Mitte. Voir p. 117.

SCHWARZES CAFÉ

Véritable institution, à deux pas de la Savignyplatz et du Kurfürstendamm. Voir p. 127.

BLUMENCAFÉ

La décoration des assiettes rappelle les bouquets de fleurs également vendus sur place. Voir p. 99.

SPLENDID
Delicatessen ⑤ Plan G7

Pourquoi « Splendid » ? Parce qu'en 1904 il y avait ici un hôtel dénommé Splendid. Andreas Poulakidas en a fait un bar moderne, au cadre épuré, où l'on prépare devant vous une nourriture saine et savoureuse à base de produits ultra-frais.

Dorotheenstrasse 37 • Ⓤ & Ⓢ Friedrichstrasse • ☎ 171 53 87 991 www.splendid-delikatessen.de • Lun.-ven. 11h30-15h • Petite soupe : 3,80 € ; grande soupe : 5,30 €, salade : 4,50 €.

URSPRUNG
Caféteria ⑥ Plan G7

Dussmann est une grosse librairie généraliste qui a eu la bonne idée d'aménager au sous-sol une caféteria autour d'un haut mur végétalisé sur feutre, signé Patrick Blanc. On y sert en tablier vert anis plusieurs spécialités régionales comme les saucisses du Brandebourg ou, plus original, les *Königsberger Klopse*, des boulettes de viande épicées aux concombres (7,20 €).

Friedrichstrasse 90 • Ⓤ & Ⓢ Friedrichstrasse • ☎ 20 25 10 17 • www.ursprung-berlin.com • Lun.-sam. 9h-21h • Plats : 6,50-14,50 €.

BORCHARDT
Brasserie ⑦ Plan G8

Avec ses colonnes de marbre et ses mosaïques, cette brasserie à l'ambiance fin de siècle est l'une des plus courues de la capitale. Le chef propose une cuisine internationale aux influences françaises. Comme le Tout-Berlin politique, médiatique et culturel s'y retrouve, il est préférable de réserver, surtout le soir. Parmi les classiques, la *Wiener Schnitzel*

Ursprung

(26,50 €) reste une valeur sûre. Au sous-sol, une salle très tamisée pour un tête-à-tête aux chandelles.

Französische Strasse 47
- **Ⓤ Französische Strasse**
- **☎ 81 88 62 62**
- **www.borchardt-restaurant.de**
- **T.l.j. 11h30-minuit**
- **Menu déjeuner en sem. : 14 €.**

LUTTER & WEGNER
Brasserie ⑧ Plan G8

Cette vénérable maison vieille de plus de 200 ans possède plusieurs restaurants dans Berlin. Celui-ci est doté d'une agréable terrasse où l'on sert escalopes viennoises (24,50 €), plats de brasserie et vins allemands – c'est leur point fort – à des prix qui tirent vers le haut.

Charlottenstrasse 56
- **Ⓤ Französische Strasse**
- **☎ 20 29 54 15 • www.l-w-berlin.de**
- **T.l.j. 11h-minuit (cuisine 12h-23h)**
- **Sandre grillé : 28 €.**

SEASIDE
Poissons et fruits de mer ⑨ Plan G8

Envie d'une truite braisée relevée d'une touche de citron et romarin ? Dans ce resto de poissons et fruits de mer, qui affiche le midi des prix honnêtes et à toute heure un style décontracté, la pêche du jour est exposée sur le comptoir et pesée devant vous (12/15 € les 100 g). Il ne reste plus qu'à choisir la garniture (4 € la poêlée de pommes de terre sautées) !

Mohrenstrasse 17
- **Ⓤ Stadtmitte • ☎ 209 173 54**
- **www.seaside-fish.com**
- **Lun.-jeu. 12h-22h, ven. 12h-23h, sam. 14h-23h, dim. 14h-22h**
- **Plats du jour (lun.-ven. 12h-15h) : 9,50-12,50 € ; *linguine* sauce homard : 13,50 €.**

VOIR AUSSI :
Westberlin | p. 35 | ⑩ Plan D3

L'île des Musées (Quartier 3 - p. 38)

CHIPPS
Végétarien ⑪ Plan H8

Cette petite sœur diurne (et plus abordable) du plébiscité restaurant végétarien Cookies Cream (www.cookiescream.com) se plie aux mêmes exigences de proximité, saisonnalité et qualité qui ont fait le succès de son aînée. À la carte, une douzaine de petits déjeuners (très) améliorés, des salades à composer (7,50-12,50 €), un lunch entrée + plat à 8,50 € et des plats aux alentours de 18 € en soirée. Pesto de roquette et ricotta ou encore lasagnes aux légumes oubliés, en cuisine on bouscule les classiques pour en révéler les saveurs. L'établissement fait la part belle aux légumes et produits végétaliens.

Jägerstrasse 35 • U Hausvogteiplatz • ☎ 36 44 45 88 • www.chipps.eu (résa possible sur le site) • Lun.-sam. 9h-fin de soirée, dim. 9h-17h • Plat : 10-15 €, petit déjeuner : 8,50-11 €.

VOIR AUSSI :
Café im Zeughaus | p. 43 |
⑫ Plan H7

Autour de l'Auguststrasse (Quartier 4 - p. 44)

ZEIT FÜR BROT
Boulangerie ⑬ Plan H6

Ce café-boulangerie réconciliera les amateurs de baguette et les habitués du *Vollkornbrot* (pain complet) grâce à son large choix de pains et viennoiseries bio. Les enfants pourront observer les artisans boulangers malaxer la pâte à travers la vitre de la cuisine, pendant que les parents dégusteront une douceur accompagnée d'un cappuccino, attablés en terrasse ou derrière la large vitrine. Venez pour le petit déjeuner ou le goûter avant une balade entre les boutiques et galeries du quartier.

Alte Schönhauser Strasse 4 • U Rosa-Luxemburg Platz • ☎ 28 04 67 80 • www.zeitfuerbrot.com • Lun.-ven. 7h30-20h, sam. 8h-20h, dim. 8h-18h • Croissant : 1,70 €.

HOUSE OF SMALL WONDER
Brunch ⑭ Plan G6

Montez par l'escalier en colimaçon dans le hall de l'immeuble, et découvrez l'environnement chaleureux fait de plantes et de boiseries où vous pourrez bruncher au calme jusqu'à 17h ou manger un plat du jour en semaine. Créée en 2014 par un couple israélo-japonais après le succès de leur enseigne ouverte quatre ans plus tôt à New York, cette adresse offre un délicieux mélange d'inspirations européennes et japonaises.

Johannisstrasse 20
• U Oranienburger Tor • ☎ 27 58 28 77
• www.houseofsmallwonder.de
• T.l.j. 9h-17h • Brunch : 8-11 €.

SHISO BURGER
Burgers ⑮ Plan H6

Des buns faits maison et des viandes et poissons de qualité marinés dans des sauces asiatiques, voici le secret des burgers cuisinés dans ce petit restaurant-snack qui fait parler de lui. Pour une pause gourmande, commander sans hésiter la recette Bulgogi au bœuf ou Shiso au thon. Si les burgers ne sont pas très copieux, vous ne serez pas déçu par votre portion de frites de pommes de terre ou de patates douces.
Auguststrasse 29C
• U Weinmeisterstrasse
• ☎ 88 94 46 87 • www.shisoburger.de
• Lun.-sam. 12h-23h30, dim. 12h-23h
• Burger : jusqu'à 8 €.

GREEN TEA CAFÉ MAMECHA
Japonais ⑯ Plan H6

Situé dans une rue calme du quartier pourtant très fréquenté de Mitte, ce café japonais est un petit havre de paix où s'arrêter pour un déjeuner léger sous forme de bento, ou pour découvrir une des nombreuses recettes au thé vert de la maison : gâteaux, boissons... À tester : le matcha-latte (3 €), un lait chaud et mousseux au thé vert matcha (4,50 €), cousin asiatique du café latte-macchiato.
Mulackstrasse 33
• U Weinmeisterstrasse
• ☎ 28 88 42 64
• www.mamecha.com • Lun.-sam. 12-18h
• Glace au thé vert matcha : 3,50 €.

BARCOMI'S DELI
Café ⑰ Plan H6

Installé dans les ravissantes Sophie-Gips-Höfe, une enfilade de trois cours, ce café américain propose muffins, brownies (1,50-3,50 €) et autres cookies maison. Vous pouvez aussi opter pour un délicieux bagel (5,60-9 €) ou un simple café. Dans la même cour, les époux Hoffmann Sammlung présentent dans leur appartement une collection d'art contemporain digne d'intérêt (sam. 11h-16h).
Sophienstrasse 21
• U Weinmeisterstrasse
• ☎ 28 59 83 63 • www.barcomis.de
• Lun.-sam. 9h-21h, dim. 10h-21h
• Assiette végétarienne pour deux : 19,90 €.

KEYSER SOZE
Allemand ⑱ Plan G6

Entre bistrot et *Kneipe*, voici un endroit un peu inclassable. Les habitants du quartier s'y retrouvent pour boire un verre, siroter un thé limette-gingembre (3,30 €) ou manger une cuisine allemande simple.
Tucholskystrasse 33 • S Oranienburger Strasse • ☎ 28 59 94 89
• www.keyser-soze.de • T.l.j. 7h30-3h (petit déjeuner 7h30-18h ; restaurant 11h-23h) • Plats du jour : 6-7 €.

Les meilleures
SPÉCIALITÉS ALLEMANDES

Si la viande de porc, la pomme de terre et le chou sont la base de la cuisine allemande, de nombreuses spécialités régionales viennent agrémenter les menus, comme les boulettes *(Klopse)*, l'escalope panée *(Schnitzel)* ou les pâtes au fromage *(Käsespätzle)*. Quant aux légumes, ils sont mis à l'honneur selon le calendrier des saisons : asperges au printemps, girolles à la fin de l'été...

LEBENSMITTEL IN MITTE

La meilleure adresse autour de l'Alexanderplatz. Voir p. 122.

ODERQUELLE

Chaussons fourrés à la volaille, cuissot de cerf... une savoureuse institution sur le chemin du Mauerpark. Voir p. 136.

PETERPAUL

Notre chouchou ! Tout plein de spécialités allemandes en modèle réduit. Un délice ! Voir p. 121.

ZUR RIPPE

Pour un dîner traditionnel au cœur de Nikolaiviertel. Voir p. 122.

LUBITSCH

D'excellents classiques de la cuisine allemande tout en finesse. Voir p. 127.

LUTTER & WEGNER

Depuis 1811, on y sert une cuisine traditionnelle, bourgeoise, avec une petite touche autrichienne (*Schnitzel, Tafelspitz*...). Voir p. 116.

Lebensmittel in Mitte

ALTES EUROPA
Bistrot ⑲ Plan H6

À la fois bar, café et restaurant, l'Altes Europa a ce côté *gemütlich* (douillet), qui ravit les Berlinois. Si confortable, chaleureux et porté par un service charmant (et partiellement francophone) qu'on s'y sent directement « chez soi ». Les habitués y passent à toute heure, pour un cocktail, une bière ou un plat à choisir sur l'ardoise, qui change tous les jours, mais qui reste simple et maîtrisée.

Gipsstrasse 11 • U Weinmeisterstrasse • ☎ 28 09 38 40 • www.alteseuropa.com • Lun.-sam. 12h-1h, dim. 14h-1h • Plat : 10-13 €.

MITTENDRIN
Bistrot ⑳ Plan H6

Baigné d'une ambiance jazzy, ce restaurant à la décoration sobre et design est un spécialiste des *Flammkuchen* (à partir de 7 €). Petites ou grandes, la carte en propose une dizaine, fines et originales, des salades (9-10 €), des soupes et des plats pour moins de 10 €. Terrasse dans la cour et belle sélection de vins du Bade-Wurtemberg (à partir de 3,90 € le verre).

Sophienstrasse 19 • S Hackescher Markt • ☎ 28 49 77 40 • www.mittendrin-in-berlin.de • Lun.-jeu. 12h-23h, ven.-sam. 12h-minuit.

COMMONGROUND
Café lounge ㉑ Plan H6

À première vue, ce spacieux lounge avec tabourets en vitrine n'a rien de très berlinois, mais son brunch sort de l'ordinaire – surtout le saumon fumé, œufs brouillés, ricotta, toast et sauce aux câpres à 12 € – et sa déco, plus ou moins californienne d'inspiration, ne manque pas de charme. En tout cas, ses sofas attirent comme un aimant une clientèle si connectée que l'on se croirait dans un espace de co-travail !

Rosenthaler Strasse 1 • U Rosenthaler Platz • Lun.-jeu. 7h30-minuit, ven.-sam. 7h30-2h, dim. 8h30-minuit • Cappuccino : 2,80 € ; vin au verre : 5 € ; bière Berliner Weisse : 4 €.

PETERPAUL
Tapas gastronomiques ㉒ Plan H6

C'est nouveau et déjà un grand succès. Il faut dire que le concept est assez génial : on vous mitonne ici le meilleur de la gastronomie allemande en… modèle réduit. Et comme chaque plat a la taille d'une bouchée, on peut, sans se charger l'estomac, faire le tour des classiques : *Klopse* (boulettes) de Königsberg, *Maultäschchen* (chaussons) aux herbes et fromage, *Matjes* (jeunes harengs). Le tout, servi avec le sourire et des vins du Palatinat.

Torstrasse 99 • U Rosenthaler Platz • ☎ 30 43 77 30 43 • www.peterpaul.berlin • lun.-jeu. 18h-23h, ven.-sam. 18h-minuit • Tapas : 4,50-7 € • Résa indispensable.

ACHT&DREISSIG
Allemand ㉓ Plan G6

Dans les assiettes de ce bon resto tout simple aux murs de brique, rien que de la cuisine allemande revue et corrigée par un jeune chef, Stefan Schaarschmidt, qui a la bonne idée de proposer chaque midi trois menus à 9,50 € (12 € avec le vin de la maison inclus). Attention : c'est bien plus cher en soirée. Si vous voulez savourer un *bortsch* à 7 € ou un tartare de bœuf aux cornichons du Spreewald à 9 €, visez le déjeuner !

Oranienburger Strasse 38 • S Oranienburger Strasse • ☎ 30 374 65 031 • www.restaurant38berlin.de • Lun.-ven. 12h-23h, sam.-dim. 17h-23h.

THE BARN CAFÉ
Café ㉔ Plan H6

Voici un chouette café comme on les aime, qui joue la carte du circuit court et des recettes maison (celles de la mère de Ralf, le propriétaire). Son point fort ? Le café, parfaitement torréfié à Berlin, et les *Stullen* (tartines) : celles au

Acht&Dreissig

saumon et gervais sont vraiment savoureuses. Avis aux amateurs de thé blanc : ici, il est servi comme il se doit, en trois infusions !
Auguststrasse 58 (à l'angle de la Koppenplatz) • U Weinmeisterstrasse • https://thebarn.de/pages/the-barn-cafe • Lun.-ven. 8h-18h, sam.-dim. 10h-18h • Cafés : 2-3,50 € ; snack : 4,20 €.

OXYMORON
Gastronomique ㉕ Plan H7

Salle tendue de chintz et meublée avec goût, voici un cadre agréable et sophistiqué pour dîner au cœur des Hackesche Höfe (p. 47). Le chef réussit avec bonheur de subtils mélanges. Il y a même une terrasse - attention, elle est vite prise d'assaut.
Rosenthaler Strasse 40-41 • S Hackescher Markt • ☎ 28 39 18 86 • www.oxymoron-berlin.de • Mai-oct. t.l.j. 8h-1h (9h en hiver) • Menu déjeuner : 11,50-15 €.

VOIR AUSSI :
Café Bravo I p. 46 I ㉖ Plan H6
Cô Cô I p. 49 I ㉗ Plan H6

Autour de l'Alexanderplatz (Quartier 5 - p. 52)

SPREEGOLD
Fast-food ㉘ Plan I7

Un fast-food tendance chic, avec cuisine ouverte au centre. On vous confie un petit boîtier qui clignote dès que c'est *al dente* ! Tout est préparé devant vous : jus vitaminés (canneberge, limette et menthe), sandwichs et salades créatifs, pâtes... Prévoyez un peu d'attente aux heures de pointe.
Rosa Luxemburg Strasse 2 • U & S Alexanderplatz • www.spreegold.com • Lun.-ven. 7h30-minuit, sam.-dim. 8h-minuit • Sandwich : 6,50-10 €, salade : 5,10-13,90 €, brunch : 18,50 €.

LEBENSMITTEL IN MITTE
Allemand ㉙ Plan H6-7

Restaurant et épicerie fine, cette adresse offre à la fois des produits à emporter – charcuterie, moutarde, miel – et un service le midi et le soir. Budget au-dessus de la moyenne, parfait pour un dîner aux chandelles. Vous y découvrirez une cuisine bavaroise raffinée. Filet de sandre aux légumes ou assiette de *Käsespätzle* (pâtes fraîches aux œufs agrémentées de fromage et d'oignons frits) : tous les appétits seront satisfaits.
Rochstrasse 2 • U & S Alexanderplatz • ☎ 27 59 61 30 • Lun.-sam. 12h-23h (cuisine), 12h-1h (bar) • Plat à la carte le soir : 15-25 €.

ZUR RIPPE
Allemand ㉚ Plan H7

Murs couverts de photos, atmosphère détendue et service très chaleureux, cette auberge traditionnelle a de quoi séduire tous les amateurs de spécialités

allemandes. Au menu : *Berliner Eisbein* (jarret de porc) et autres *Schnitzel*. C'est, sans aucun doute, le moins touristique des restaurants typiques du Nikolaiviertel, et quelques tables donnent sur la petite place, face au palais Ephraïm.

Poststrasse 17 • Ⓤ & Ⓢ Alexanderplatz • ☎ 24 24 248 • www.zur-rippe.de • Lun.-ven. 12h-15h et 18h-minuit, sam.-dim. 12h-minuit.

VOIR AUSSI :

Dolores | p. 54 | ㉛ Plan I7

Kulturforum et Potsdamer Platz (Quartier 6 – p. 56)

VAPIANO
Fast-food ㉜ Plan D3

Cette chaîne allemande spécialiste du fast-good – restauration rapide mais plutôt bonne – a eu l'excellente idée d'ouvrir à Potsdamer Platz. Du coup, on peut déjeuner près du Sony Center (p. 59) d'une salade César ou de pâtes au salami, roquette et ricotta (8 €). Tout y est frais et préparé devant vous. N'oubliez pas de prendre une carte magnétique à l'entrée, ce sera votre sésame pour déjeuner !

Potsdamer Platz 5 • Ⓤ & Ⓢ Potsdamer Platz • ☎ 23 00 50 05 • www.vapiano.com • Lun.-jeu. et dim. 11h-minuit, ven.-sam. 11h-1h • Salade César : 6,50 €.

KAISERSAAL
Bistrot ㉝ Plan D3

À l'entrée de l'allée qui conduit au Sony Center se cache l'un des rares vestiges de l'ancienne Potsdamer Platz : le café du Grand Hôtel Esplanade où Guillaume II avait l'habitude de dîner. Ses cinq salons rococo à l'étage, restaurés à l'identique, sont aujourd'hui réservés (hélas !) aux mariages et aux banquets. En revanche, le rez-de-chaussée est ouvert au public. On s'y arrêtera pour siroter, près de la grande baie vitrée, un thé sencha à la mangue par exemple (3,90 €). Désuet mais reposant.

Bellevuestrasse 1 • U & S Potsdamer Platz • ☎ 26 39 03 72 • www.kaisersaal-berlin.de • T.l.j. 12h-minuit (petit déjeuner 9h-16h).

VOIR AUSSI :

Weilands Wellfood | p. 58 |
(34) Plan D3

Tiergarten, le poumon vert (Quartier 7 - p. 64)

ARMINIUS MARKTHALLE
Food court (35) Plan C2

Ces halles datant de la fin du XXᵉ s. ont été rénovées et abritent depuis 2010 foule de commerces de bouche. Un marché couvert tout en verre, briques et ferronnerie pour boire un verre ou manger sur le pouce. Les spécialités berlinoises *(Curry Wurst)* côtoient les saveurs transalpines, vietnamiennes, les *fish & chips* et autres dépaysements gustatifs grecs, marocains, australiens...

Arminiusstrasse 2-4 • U Turmstrasse • ☎ 391 59 31 • wwwarminiusmarkthalle.com • Lun.-ven. 8h-20h, sam. 8h-18h.

KONDITOREI BUCHWALD
Café (36) Plan C2

À l'extrémité du Tiergarten, loin de l'agitation du centre-ville, voici un endroit bien agréable pour prendre un café et manger un gâteau (à partir de 2 €) en compagnie des oiseaux. Situé à l'angle de Holsteiner Ufer, à deux pas de la Spree, ce café est parfaitement paisible, tout comme le quartier qui l'entoure. On peut aussi juste s'arrêter prendre une glace à déguster en chemin.

Bartningallee 29 • S Bellevue • ☎ 391 59 31 • www.konditorei-buchwald.de • T.l.j. 9h-19h.

VOIR AUSSI :

Café am Neuen See | p. 66 |
(37) Plan C3

Charlottenburg, autour du château (Quartier 8 - p. 70)

CAFÉ REET
Café (38) Plan A2

En retrait du bruyant Spandauer Damm et à cinq minutes de marche du château de Charlottenburg se trouve une jolie place arborée. Pour une pause rafraîchissante face aux arbres ou pour une petite faim, cet agréable café propose

des sandwichs, des quiches et des gâteaux. Vous pouvez aussi y prendre un copieux petit déjeuner. C'est simple et bon, on apprécie !
Klausener Platz 5 • Ⓢ Westend
• ☎ 322 48 22
• Lun.-sam. 9h-18h30, dim. et jours fériés 10h-18h30
• Part de gâteau : à partir de 3 €.

VOIR AUSSI :

Brauhaus Lemke | p. 73 |
㊴ Plan B2

Charlottenburg, le long du Kurfürstendamm (Quartier 9 - p. 74)

KANTINI
Food court ㊵ Plan C3

Vous n'avez pas le temps de faire la queue au self du KaDeWe ? Il y a désormais au 1er étage du Bikini Berlin (p. 180) un food-court - autrement dit un point de chute commode pour butiner parmi les cuisines du monde : 13 comptoirs au choix (Italie, Espagne, Afrique du Sud, Corée, Israël...) et une jolie vue sur le zoo. Ce n'est pas de la haute cuisine mais c'est plutôt bon marché !
Budapester Strasse 38-50
• Ⓤ & ⓈZoologischer Garten • Lun.-sam. 10h-20h • *Currywurst* : 4,20 € ; 6,20 € avec frites ; 7,20 € en version vegan.

NENI BERLIN
Oriental ㊶ Plan C3

Pour commencer, la vue est magnifique ! Vous êtes au 10e étage du 25hours Hotel au sein du centre commercial Bikini situé entre le zoo de Berlin et le Kurfürstendamm. Créé par la chef Haya Molcho, le restaurant NENI propose une

NENI Berlin

Sur le pouce :
LE BEST DES ADRESSES

L'*Imbiss*, littéralement « casse-croûte », permet de manger à toute heure : de la célèbre *Curry Wurst*, une saucisse grillée recouverte de sauce tomate au curry, au *Döner Kebab* d'origine turque. Au-delà de ces deux institutions, de nouvelles adresses ouvrent chaque semaine, réinterprétant le burger, la cuisine polonaise ou coréenne…

CURRY 36

La saucisse au curry la plus prisée de Berlin. Soyez patient, la file est longue… Voir p. 131.

SHISO BURGER

Des burgers à la mode coréenne, un mélange réjouissant à ne pas manquer. Voir p. 118.

KOSHARY LUX

Les meilleures recettes orientales du Maroc au Liban en passant par l'Égypte. Voir p. 126.

BURGERMEISTER

De délicieux burgers à manger sur le pouce dans l'ambiance bruyante d'une station de métro. Voir p. 132.

MARKTHALLE NEUN

Chaque jeudi soir, le *street food market* le plus couru de la ville. Voir p. 133.

KONNOPKE'S IMBISS

On ne peut quitter la ville sans avoir goûté la *Curry Wurst* préparée ici ! Voir p. 135.

cuisine orientale généreuse et raffinée. Si vous préférez profiter de la vue avec un cocktail ou un snack, rendez-vous au Monkey Bar au même étage (p. 151).

25Hours Hotel, Budapester Strasse 40 • Ⓤ & Ⓢ Zoologischer Garten • ☎ 120 221 200 • www.neniberlin.de • Bar : lun.-dim. 12h-2h • Restaurant : lun.-ven. 12h-23h, sam.-dim. 12h30-23h • Mezze : 6-10 €, trio de mezze : 18 € • Résa conseillée.

KOSHARY LUX
Oriental ㊷ Plan B3

Ambiance rafraîchissante et colorée pour ce fast-food situé juste en retrait de la Savignyplatz, qui propose des recettes orientales - sandwichs, soupes ou salades - venues du Maroc au Liban en passant par la Tunisie et l'Égypte. Cette adresse est très bon marché pour le quartier, n'hésitez pas à

vous y arrêter pour un déjeuner au calme en terrasse après avoir déambulé sur le Ku'damm.
Grolmanstrasse 27
• Ⓢ Savignyplatz • ☎ 81 40 61 90 • www.klx-kosharylux.com • Lun.-jeu. 12h-15h et 18h-21h, ven.-sam. 12h-22h
• Sandwich : autour de 6,90 €.

SCHWARZES CAFÉ
Café ㊸ Plan B3

Ce lieu est très apprécié des Berlinois, qui s'y retrouvent à toute heure pour prendre un café, boire un verre ou grignoter encas salé ou gourmandise sucrée. On y vient aussi pour le fameux *Frühstück* allemand (un copieux « petit déjeuner »), qui pourra ici être considéré comme un brunch servi toute la journée (5,80 ou 9 €). Et, à l'arrière, un petit jardin ombragé.
Kantstrasse 148
• Ⓢ Savignyplatz • ☎ 313 80 38
• www.schwarzescafe-berlin.de • Mar.-dim. 24h/24 (f. mar. de 2h-3h).

LUBITSCH
Allemand ㊹ Plan B3

Les alentours de la Savignyplatz recèlent des endroits charmants, tel ce restaurant doté d'une petite terrasse. Dans un cadre ancien, une salle spacieuse aux murs ornés de tableaux et dotée d'un bar étincelant invite à découvrir une cuisine berlinoise raffinée.
Bleibtreustrasse 47
• Ⓢ Savignyplatz • ☎ 88 62 66 60
• www.restaurant-lubitsch.de
• Lun.-sam. 11h30-minuit, dim. 16h-minuit (23h cuisine)
• Menu du midi (3 plats) : 9,50 €, le soir plats autour de 20 €.

Lubitsch

MARJELLCHEN
Cuisine d'Europe centrale ㊺ Plan B3

Dans ce charmant restaurant décoré de natures mortes et tout juste éclairé à la bougie rose, Ramona décline le meilleur de la Prusse orientale en souvenir d'une grand-mère originaire de là-bas. Excellentes quenelles (*Klösse*) aussi et un schnaps de derrière les fagots à déguster sur fond de vinyles chevrotants. Pour un peu, on se croirait dans le Dantzig des années 1920... Ah, le vieux style !

Mommsenstrasse 9 • Ⓢ Savignyplatz • ☎ 883 26 76 • www.marjellchen-berlin.de • T.l.j. à partir de 17h (dern. commande 23h30).

CAFÉ SAVIGNY
Café ㊻ Plan B3

Pas besoin d'être très grand pour devenir une institution. Juste à côté de la Savignyplatz, toujours très animée, ce petit café à l'atmosphère détendue est célèbre pour ses pâtisseries et ses délicieux petits déjeuners. Vous pourrez aussi y prendre un repas plus consistant.

Grolmanstrasse 53-54 • Ⓢ Savignyplatz • ☎ 157 520 048 10 • www.cafesavigny.de • T.l.j. 9h-minuit • Pâtisserie : à partir de 5,50 €.

VOIR AUSSI :

Soup Kultur | p. 76 | ㊼ Plan B3

Schöneberg (Quartier 10 – p. 78)

HABIBI
Libanais ㊽ Plan C3

Voici l'*Imbiss* libanais le plus connu de Berlin, comme le prouve la file d'attente qui se forme de jour et de nuit. La spécialité de la maison est l'assiette de falafels accompagnée de ses galettes et de son panaché de salades.

Goltzstrasse 24 • Ⓤ Nollendorfplatz • ☎ 215 33 32 • T.l.j. 11h-3h (ven.-sam. 11h-5h) • Plat : 3 €.

GOTTLOB
Bistrot ㊾ Plan C4

Fréquentée par les habitants du quartier, cette *Kneipe* conviviale propose elle aussi la possibilité de s'installer en terrasse ou dans un petit jardin. On y vient pour prendre un verre ou manger en toute simplicité salades, pâtes et différents plats à base de légumes.

Akazienstrasse 17 • Ⓤ Eisenacher Strasse • ☎ 78 70 80 95 • Lun.-ven. 9h-1h, sam. 9h-2h, dim. 10h-1h • Plat : 8,50-9 €.

TEE TEA THÉ
Salon de thé ㊿ Plan C4

La meilleure halte de la rue Goltz ? Ce salon de thé décoré de bois sombre, qui propose depuis 1997 250 sortes de thé (dont quelques raretés, comme le *pu-erh* pressé

Tee Tea Thé

du sud du Yunnan), servis avec un sablier. Il a toujours d'appétissants gâteaux en réserve, mais aussi des soupes, quiches, gratins et tagliatelles. De quoi reprendre des forces avant d'arpenter le quartier !

Goltzstrasse 2 • U Eisenacher Strasse • ☎ 21 75 22 40 • www.teeteathe.de • Lun.-sam. 9h-19h, dim. et j.f. 10h-19h • Plat et snack : 6-9 €.

RENGER-PATZSCH
Alsacien ⑤① Plan C4

Parquets et boiseries apportent une touche d'authenticité à ce restaurant décoré de photographies d'Albert Renger-Patzsch, collectionnées avec passion par le grand-père du nouveau patron, Oliver Schupp. À la carte, des spécialités alsaciennes et et allemandes, d'excellents vins d'Alsace, et l'on y mange les meilleures *Flammkuchen* (8-11 €) et choucroutes de Berlin.

Wartburgstrasse 54 • U Eisenacher Strasse • ☎ 784 20 59 • www.renger-patzsch.com • Lun.-sam. 18h-23h30 • Plat : 16-24 €.

VOIR AUSSI :

Café Einstein | p. 79 |
⑤② Plan C3

Kreuzberg, le long du Mehringdamm (Quartier 11 – p. 82)

VAN LOON
Brunch ⑤③ Plan E3

Vous voyez le navire amarré à la berge du canal ? C'est là ! Un spot idéal, par beau temps, pour prendre un copieux petit-déjeuner allemand en terrasse (il est servi de 9h à 15h). Ou pour un brunch flottant… à volonté : à certaines dates en effet, l'ancien voilier de commerce néerlandais lève l'ancre et part à l'assaut des canaux berlinois trois heures durant pour 36,50 €.

Carl-Herz-Ufer 5 • U Prinzenstrasse • ☎ 692 62 93 • www.vanloon.de • Lun.-sam. 9h-minuit, dim. 10h-23h ; en hiver : mer.-ven. 11h30-22h, sam. 10h-22h, dim. 10h-18h • *Frühstück* : 7-8 € ; plat midi : 8,50 €.

MADANG
Coréen ⑸④ Plan D4

On vient dans ce restaurant pour partager un barbecue ou une fondue coréenne à plusieurs convives. Le propriétaire prendra soin de vous présenter chaque mets, préparé dans les règles de l'art, en vous expliquant la manière de l'assaisonner. Une des meilleures adresses de la ville en la matière !

Gneisenaustrasse 8 • U Gneisenaustrasse et Mehringdamm • ☎ 48 82 79 92 • Facebook : Madang.berlin • Lun.-sam. 17h-22h • Plat : 10-15 €.

MR. MINSCH
Pâtisserie 55 Plan D4

Cette pâtisserie offre une belle sélection de gâteaux réalisés dans la cuisine attenante à la boutique. Chaque jour, une vingtaine de recettes différentes sont proposées sur place ou à emporter. De quoi vous faire saisir la différence entre un *Kuchen* et une *Torte*, dont l'équivalent en français est loin de pouvoir se résumer à « gâteau » et « tarte ». Si le soleil est au rendez-vous, trouvez une place à la petite terrasse ou emportez votre part sur les pelouses du parc Gleisdreieck situé juste à côté.

Yorckstrasse 15 • U Mehringdamm • ☎ 52 66 49 03 • www.mr-minsch-torten.de • T.l.j. 10h-18h • Part de gâteau : 3,50 €.

AUSTRIA
Autrichien 56 Plan E4

Spécialité originaire de Vienne également très répandue en Allemagne, le *Wiener Schnitzel* est une fine escalope de veau enrobée de chapelure frite, accompagnée de salade de pommes de terre. Austria est une très bonne adresse pour l'apprécier dans une ambiance typique. Pensez simplement à réserver avant de venir et privilégiez les jours de grande faim, par exemple après avoir traversé le parc Tempelhof qui se trouve à proximité.

Bergmannstrasse 30 • U Gneisenaustrasse • ☎ 694 44 40 • www.austria-berlin.de • Lun. 18h-minuit, mar.-dim. 12h-minuit • Plat : 15-20 €.

A. HORN
Brunch 57 Plan E3-4

On passe la porte de cette adresse familiale dès le réveil, pour un petit déjeuner réconfortant. Un creux le midi ? À côté des plats chauds, vous trouverez des salades et des bagels (10 sortes de pain et divers accompagnements). L'après-midi, on s'y attable pour une pâtisserie ou un chocolat maison (3,70 €). Un bonus :

admirez le spectacle par la vitre du fond, le frère du patron répare des vélos dans l'atelier mitoyen.
Carl-Herz-Ufer 9 • U Prinzenstrasse • ☎ 60 05 98 88 • www.kaffee-ahorn.de • Lun.-ven. 9h-22h, sam.-dim. 9h-21h • Bagels : à partir de 2,50 €.

CURRY 36
Curry Wurst ㊿ Plan D4

Vous voulez à tout prix enfin goûter une excellente *Curry Wurst* (1,70 €) ? Alors faites comme tout le monde, prenez place dans la file ! De jour comme de nuit, tout le monde s'y presse… mais il vous faudra manger debout ce que certains considèrent comme la meilleure saucisse au curry de Berlin.
Mehringdamm 36 • U Mehringdamm • ☎ 251 73 68 • www.curry36.de • T.l.j. 9h-5h.

VOIR AUSSI :

Marheineke Markthalle | p. 85 | 59 Plan E4

Kreuzberg, autour de l'Oranienstrasse (Quartier 12 - p. 86)

AMRIT
Indien 60 Plan E3

Ce restaurant très couru est l'une des adresses incontournables de Kreuzberg. Son secret ? Des plats copieux et des petits prix ! Essayez par exemple les tandooris servis sur un gril… vraiment délicieux. À accompagner de cocktails avec ou sans alcool (à partir de 4,50 €).
Oranienstrasse 202-203 • U Görlitzer Bahnhof • ☎ 612 55 50 • www.amrit.de • Dim.-jeu. 12h-minuit, ven.-sam. 12h-2h • Tandoori : 9,50 €.

ANKERKLAUSE
Café 61 Plan E4

Avec ses airs de guinguette, ce bar qui surplombe le Landwehrkanal est plutôt touristique. L'originalité du lieu réside avant tout dans sa terrasse qui offre un point de vue exceptionnel sur le canal et

Amrit

Ankerklause

les berges environnantes. C'est un lieu assez magique pour se détendre, notamment après avoir arpenté le marché turc voisin.
Kottbusser Damm 104 • Ⓤ Schönleinstrasse • ☎ 693 56 49 • www.ankerklause.de • Lun. 16h-2h, mar.-dim. 10h-2h • Petit déjeuner anglais : 7 €.

ORA
Brasserie — 62 Plan E3

Le décor de cette brasserie est celui d'une pharmacie vieille de 150 ans. Le comptoir et les étagères en bois agrémentées de nombreux flacons ont été conservés pour créer une atmosphère hors du commun. À la fois chaleureux et lumineux, ce lieu ouvert du petit déjeuner au milieu de la nuit propose, selon les envies : des viennoiseries maison, des plats cuisinés avec des produits régionaux et un grand choix de cocktails. Si vous avez la chance d'arriver alors que les *Zimtschnecken* (roulés à la cannelle) sortent du four, ne résistez pas !
Oranienplatz 14 • Ⓤ Moritzplatz • Facebook : Ora • Lun.-ven. 12h-1h, sam.-dim. 9h30-1h • Plat : 5-10 €.

HASIR
Turc — 63 Plan E3

Comme la rue est très animée le soir, il vous faudra parfois vous armer de patience, car ici on fait la queue pour déguster un *Döner Kebab*. Très fréquenté par les Turcs, le restaurant attenant propose également des entrées froides ou chaudes, des brochettes, des légumes farcis et des plats à base d'agneau. C'est bon, convivial et bon marché.
Adalbertstrasse 10 • Ⓤ Kottbusser Tor • ☎ 614 23 73 • www.hasir.de • T.l.j. 24h/24 • Plat principal : 15 € ; entrée : 6-7 €.

BURGERMEISTER
Burgers — 64 Plan E3

Ce snack se nomme le « champion du burger » en clin d'œil à son homonyme *Bürgermeister* qui signifie « le maire de la ville ». Originellement installée dans un kiosque au métro Schlesisches Tor, cette institution s'est dotée d'un second quartier général bien plus grand, tout en conservant l'ambiance du U-Bahn pour la déco ! Que vous soyez carnivore ou végétarien, voici une des meilleures adresses pour manger un burger sur le pouce jusque tard dans la nuit.

Skalitzer Strasse 136 • U Kottbusser Tor • ☎ 65 21 74 86 • Facebook : Burgermeister-Kottbusser-Tor • Dim.-jeu. 11h-3h, ven.-sam. 11h-4h • Burger : 4,40-7,30 €.

MARKTHALLE NEUN

Marché — 65 Plan F3

Pour les adeptes de produits frais, cette halle de marché est ouverte les mardi, vendredi et samedi, mais organise aussi chaque jeudi soir un marché nocturne de *street food* très prisé des habitants, donc très fréquenté... S'il est difficile de trouver une place assise, faites comme tout le monde : mangez debout en déambulant dans les allées et en observant les étals.

Eisenbahnstrasse 42/43 • U Görlitzer Bahnhof • ☎ 61 07 34 73 • www.markthalleneun.de • Mar.-ven. 12h-20h, jeu. 17h-22h, ven. 12h-20h, sam. 10h-18h.

SMYRNA KURUYEMIS

Pâtisserie turque — 66 Plan E3

Pistaches, amandes, raisins secs, pâte douce de carotte... à croire que toutes les saveurs sucrées du Bosphore se sont donné rendez-vous au n° 27 de l'Oranienstrasse ! Avec succès : Berlinois et expats se pressent dans cette « ambassade gourmande » de la Turquie pour grignoter du *sekerli zencefil* (gingembre confit), assorti d'un thé à la menthe ou d'un petit moka noir... Dépaysement garanti !

Oranienstrasse 27 • U Kottbusser Tor • Facebook : Smyrna Kuruyemis • ☎ 61 10 71 81 • T.l.j. 9h-2h.

COCOLO RAMEN X-BERG

Japonais — 67 Plan E3

La cuisine asiatique est très appréciée par les Berlinois, du Vietnam au Japon en passant par la Corée. On vient ici pour déguster une soupe de *ramen* (pâtes japonaises), assis face à la cuisine ouverte ou sur une longue table à partager. Des recettes traditionnelles variées, végétariennes ou pas, qui sont un vrai régal dès la première cuillère de bouillon. Cocolo a une petite sœur à Mitte (Gipsstrasse 3 - plan H6), mais le local est étroit et généralement bondé. Pas de réservation possible.

Paul-Lincke-Ufer 39-40 • U Kottbusser Tor • ☎ 98 33 90 73 • www.kuchi.de/restaurant/cocolo-x-berg/ • Lun.-sam. 12h-23h • Soupe : 8-10 €.

VOLT

Gastronomique — 68 Plan F4

Ce restaurant haut de gamme doit son nom à l'ancienne centrale électrique des années 1920 où il s'est installé. La déco brute met en valeur les assiettes du jeune chef Matthias Gleiss. Le menu change à chaque saison. Vous pouvez choisir les plats que vous pensez intéressants sur leur site. Comptez entre 58 et 76 € pour un menu cinq plats.

Paul-Lincke-Ufer 21
• U Schönleinstrasse • ☎ 33 84 023 20
• www.restaurant-volt.de • Mar.-sam. 18h-minuit • Plat : 16-32 €.

DOYUM GRILLHAUS
Turc ⑥⑨ Plan E3

La cuisine turque est très présente à Berlin et particulièrement à Kreuzberg ! Pour manger un kebab ou tout autre plat de viande grillée, faites confiance à ce restaurant joliment décoré de carreaux orientaux et largement fréquenté par des Turcs. Restauration possible sur place ou à emporter, pourquoi pas sur les quais du canal : vous n'aurez qu'à descendre l'Admiralstrasse pour être au bord de l'eau.

Admiralstrasse 36-37
• U Kottbusser Tor • ☎ 61 65 61 27
• www.doyum-restaurant.de • T.l.j. 7h-minuit • Plat : à partir de 11,50 €.

VOIR AUSSI :

Südblock | p. 88 | ⑦⓪ Plan E3

Friedrichshain et l'East Side Gallery (Quartier 13 - p. 90)

DATSCHA
Russe ⑦① Plan HP par F3

Dans ce café qui s'affiche en caractères cyrilliques, on se veut « postsoviétique ». De sorte que le menu commence par un... règlement intérieur ! Petite restauration russe à prix doux : *pelmeni* (raviolis) farcis au bœuf et à la volaille (12 €).

Gabriel-Max-Strasse 1
• U & S Warschauer Strasse
• ☎ 70 08 67 35 • www.cafe-datscha.de
• Lun.-sam. 10h-1h • Plat : 11-15 €.

SILO
Bistrot ⑦② Plan HP par F3

C'est la nouvelle coqueluche des expats de Friedrichshain ! On vient ici pour créer son propre *frühstück* ou déjeuner sur le pouce, dans de petites cassolettes, au milieu d'un décor brut de décoffrage. La carte est limitée mais originale et le patron ne travaille qu'avec une poignée de producteurs locaux (pain de la Markthalle Neun, p. 133, café du torréfacteur Fjord, etc.).

Gabriel-Max-Strasse 4
• U Frankfurter Tor
• Lun.-ven. 8h30-17h, sam. 9h30-19h, dim. 10h-19h
• *Frühstück* : 6 € la base, 1,50 € par ingrédient supplémentaire ; plats : 5-12 € ; cappuccino : 2,70 €.

VOIR AUSSI :

Café Tasso | p. 92 | ⑦③ Plan HP par F2

Prenzlauer Berg (Quartier 14 - p. 96)

HÜFTENGOLD
Café ⑦④ Plan E1

Voici un endroit au charme indéniable, idéal pour faire une pause. L'endroit est joliment décoré, plein de recoins cosy, et dispose d'une belle terrasse ombragée. Un lieu paisible et convivial pour boire un café, déguster milk-shakes et smoothies (à partir de 3,50 €), mais aussi pour grignoter sandwichs, salades, petits déjeuners (à partir de 6,50 €) et encas.

Oderberger Strasse 27 • Ⓤ Eberswalder Strasse • ☎ 41 71 45 00 • www.hueftengold.com • Mars.-sept. : t.l.j. 10h-23h ; oct. : lun. et mer.-dim. 11h-18h • Sandwich, salade : 4-7,50 €.

KONNOPKE'S IMBISS
Curry Wurst ⑦⑤ Plan E1

Installé sous les arcades du métro, cet *Imbiss* tenu par la famille Konnopke depuis plus de quatre-vingts ans est une institution. Promeneurs, étudiants et employés du quartier y font la queue pour déguster, debout, toute une variété de saucisses, à commencer par la fameuse *Curry Wurst* (1,90 €). Les saucisses y font honneur à la tradition allemande... et même la sauce ketchup - dont le secret est jalousement gardé - est vraiment bonne !

Schönhauser Allee 44b • Ⓤ Eberswalder Strasse • ☎ 442 77 65 • www.konnopke-imbiss.de • Lun.-ven. 10h-20h, sam. 11h30-20h.

PASTERNAK
Russe ⑦⑥ Plan E1

Vous trouverez dans ce restaurant russe une cuisine authentique autour des grands classiques : bœuf Stroganoff (23 €), *pelmeni* (raviolis, 14 €).

Pasternak

Knaackstrasse 22-24
• U Senefelderplatz • ☎ 441 33 99
• www.restaurant-pasternak.de
• T.l.j. 9h-1h • Brunch : dim. 9h-15h
• Menu (lun.-ven. 12h-16h) : 8,50 €
• Menu : 23-33 €.

BABEL
Libanais ⑺ Plan E1

Descendez Kastanienallee jusqu'à cet *Imbiss* libanais où vous trouverez de quoi vous rassasier. Très parfumées, les spécialités sont relevées de menthe ou de basilic frais, d'ail ou de sauce à la mangue : ici, ce sont les herbes qui font la différence !
Kastanienallee 33 • U Eberswalder Strasse • ☎ 44 03 13 18 • T.l.j. 11h-0h30
• Plat : 2,50-15 €
• Thé à la menthe : 2 €.

ANNA BLUME
Bistrot ⑱ Plan E1

Dans le genre cosy, relaxant et romantique, il y a l'Anna Blume avec ses petits sofas, ses brassées de fleurs, sa terrasse et ses brunchs légendaires. Il faut dire que « l'étagère Anna Blume » (22,50 € pour 2 pers.) pour deux est impressionnante : chaque plateau de ce présentoir est chargé de fruits, de fromages, de charcuterie... Petits plats chauds servis toute la journée.
Kollwitzstrasse 83 • U Senefelderplatz ou Eberswalder Strasse
• ☎ 44 04 87 49
• www.cafe-anna-blume.de
• Nov.-mars : t.l.j. 8h-22h (2h avril-oct.)
• Salade : env. 6 €.

HOUDINI
Café ⑲ Plan E1

Ce café-restaurant à la décoration traditionnelle et gentiment branchée est un endroit très agréable pour boire un verre ou manger un morceau en terrasse. Brunch le week-end (9,90 €) !
Lychener Strasse 35 • U Eberswalder Strasse • ☎ 48 49 54 14
• www.houdini-berlin.de
• Lun.-ven. 12h-minuit, sam.-dim. 10h-2h
• Plats : 7,50-11,50 €.

ODERQUELLE
Allemand ⑳ Plan E1

Ce restaurant moderne et agréable, souvent bondé le week-end, propose une cuisine allemande avec une touche méditerranéenne qui fait la part belle à la gastronomie brandebourgeoise. Service sympa, et atmosphère décontractée !

Oderberger Strasse 27 • Ⓤ Eberswalder Strasse • ☎ 44 00 80 80 • www.oderquelle.de • Lun.-sam. 18h-1h, dim. 12h-1h • Entrée : à partir de 3,50 € • Plat principal : 10,50 €-16,50 €.

MAOTHAI
Thaï (81) Plan E1

La réputation de ce restaurant thaï a dépassé les limites du quartier. Vous pourrez y découvrir des plats épicés et parfumés juste comme il faut. La grande terrasse est prise d'assaut dès les beaux jours. Résa indispensable le w.-e.

Wörther Strasse 30 • Ⓤ Senefelderplatz • ☎ 441 92 61 • www.maothai.de • T.l.j. 12h-23h30 • Salade thaïe : 5-10,50 €.

GUGELHOF
Allemand (82) Plan E1

Gugelhof excelle dans les spécialités alsaciennes et d'Allemagne du Sud ! Et comme les choses sont bien faites, ce restaurant en propose une longue liste, complétées de plats bavarois et d'une honnête carte des vins.

Knaackstrasse 37 • Ⓤ Senefelderplatz • ☎ 442 92 29 • www.gugelhof.de • Lun.-ven. 17h-23h, sam.-dim. 12h-23h • Menu : 26,50-35 € • Plats : 11-25 €.

IMPALA-COFFEE
Café (83) Plan I6

Voici un endroit qui réjouira les amateurs de café. Il en propose en effet un grand choix, mais aussi des thés, des chocolats et des frappés. Si vous avez un petit creux, vous y trouverez gâteaux, sandwichs et bagels

Anna Blume

(environ 4,20 €), à emporter ou à consommer sur place.
Schönhauser Allee 173
• U Senefelderplatz • ☎ 40 50 54 85
• www.impala-coffee.com • Lun.-ven. 7h-20h, sam.-dim. 8h-20h (19h en hiver)
• Thé ou chocolat : env. 3 €.

VOIR AUSSI :

Blumencafé | p. 99 | 84 Plan E1

Dahlem (Quartier 15 - p. 102)

CHALET SUISSE
Allemand 85 Plan A5

En pleine forêt, à mi-chemin entre lacs et musées, ce charmant chalet suisse est un endroit fort agréable pour déguster des spécialités allemandes sous influence française. Repris par le célèbre Diekmann de Charlottenburg, tout y est délicieux et joliment présenté.
Im Jagen 5 / Clayallee 99
• U Dahlem Dorf • ☎ 832 63 62
• www.chalet-suisse.de • T.l.j. 12h-22h
• Plat : 6,50 €-13 € ; fondue au fromage (en hiver) : 25 €-30 €/pers.

VOIR AUSSI :

Gartenakademie | p. 104 | 86 Plan HP par B5

Neukölln, à l'est de Tempelhof (Quartier 16 - p. 106)

ISLA COFFEE
Café 87 Plan F4

Dans la catégorie « petits cafés éco-responsables » qui privilégient le bio et visent le zéro déchet, l'Isla tient bien la route : non seulement le cadre est sympa, avec son mobilier recyclé, mais on y grignote des salades et soupes vegan, de bons sandwichs poires et noix... Le petit plus ? Le brunch du week-end (10h-14h), concocté par Peter Duran.
Hermannstrasse 37
• U Boddinstrasse
• FB : islacoffeeberlin
• Lun.-ven. 8h-19h, sam.-dim. 9h-19h
• Brunch 10h-14h • Cappuccino : 2,60 €x; grosse salade : 8 €.

L'EUSTACHE
Bistrot 88 Plan F5

À L'Eustache, les murs sont vert anglais, les vins très bien choisis, et l'ardoise évolue chaque jour. La cuisinière, d'origine française, s'inspire notamment de recettes espagnoles et italiennes pour ses créations tout en finesse. Selon l'heure et les saisons, on y va pour une planche de charcuterie, un risotto aux asperges ou la pâtisserie du jour. Tout est fait maison.
Weisestrasse 49 • U Boddinstrasse
• ☎ 01575 0859998 • Facebook : Leustache • Mer.-sam. 18h-23h
• Entrée : 7-8 € • Plat avec viande et charcuterie : autour de 16 €.

Isla Coffee

LAVANDERIA VECCHIA
Italien (89) Plan F4

Entrez dans la seconde cour intérieure et retrouvez-vous au sein d'une ancienne laverie... Vous aurez peut-être l'impression d'être arrivé chez l'un de vos ancêtres ou à un banquet de mariage ! Une cuisine italienne de très bonne qualité vous est servie. Le midi, un plat de pâtes et un risotto différents sont proposés chaque jour. Le soir, changement de régime avec un menu à 58 € sur réservation.

Flughafenstrasse 46, cour intérieure • U Boddinstrasse • ☎ 62 72 21 52 • www.lavanderiavecchia.wordpress.com • Lun.-sam. 12h-14h30 et dîner à partir de 19h30 sur résa, menu obligatoire arrivée à 19h30 et dîner jusqu'à 23h30 • Déjeuner : pâtes 6-20 € ; risotto 13,50 €.

DR. TO'S
Asiatique (90) Plan F4

Mieux vaut réserver pour venir dans ce restaurant aux abords de la très fréquentée Weserstrasse. La carte, organisée selon des éléments de la nature – « l'air » pour les volailles, « le jardin » pour les légumes, etc. –, propose d'originales tapas asiatiques d'inspiration principalement chinoise et japonaise. Poitrine de porc style « Dong Po », salade d'aubergines, de tomates et de coriandre... de très belles découvertes vous y attendent ! Budget d'une vingtaine d'euros par personne hors boissons à prévoir.

Weichselstrasse 54 • U Hermannplatz • ☎ 0152 1666 70 22 • Facebook : Dr To's • T.l.j. 18h-minuit • Tapas : 3,50-8 €.

VOIR AUSSI :

Engels | p. 108 | (91) Plan E5

Bars, clubs & sorties

PAR QUARTIER

Les coups de cœur DE NOTRE AUTEUR 2019

Des clubs aux théâtres, en passant par les *Kneipen*, l'offre de sorties abonde à Berlin, et il y en a pour tous les goûts ! Notre auteur vous livre son aperçu du moment.

KLUNKERKRANICH

C'est le *rooftop* du grand centre commercial de Neukölln. Un lieu aussi panoramique que décontracté. Voir p. 167.

LEBENSSTERN

Un cadre idéal pour un tête-à-tête romantique autour d'un dernier verre. Voir p. 155.

ČSA

Une pépite inattendue de Friedrichshain : un lounge hyper stylé sur fond de socialisme triomphant. Voir p. 163.

Lebensstern

Monkey Bar

MONKEY BAR

Même si ses serveurs sont souvent débordés, ce bar d'hôtel avec vue sur le Tiergarten est assez génial. Voir p. 151.

STAATSOPER UNTER DEN LINDEN

Ça y est : l'Opéra a rouvert ses portes, avec une acoustique revue et corrigée ! Et des concerts pas trop chers. Voir p. 144.

WOHNZIMMER

Envie d'une soirée confortablement installé dans un canapé fleuri avec un verre à petit prix ? C'est par ici ! Voir p. 166.

À SAVOIR

HORAIRES & CO

Vous trouverez régulièrement **l'indication « open end »** dans les horaires de fermeture des bars et clubs. Elle signifie simplement que les établissements restent ouverts jusqu'au dernier client. Les horaires peuvent donc beaucoup varier d'un jour à l'autre : on sait à quelle heure un bar ouvre, mais pas toujours quand il fermera ! À savoir, les bars où l'on ne sert pas de nourriture sont encore majoritairement fumeurs.

CLUBBING

Danser jusqu'au bout de la nuit, voire jusqu'à midi le lendemain, est commun à Berlin où les clubs ne manquent pas. Il n'est cependant pas toujours facile de trouver ladite adresse – sur un terrain en friche ou dans un lieu éphémère. Les **événements Facebook** contiennent généralement plus d'informations pratiques que les sites recensant les sorties culturelles. Par ailleurs, il est fréquent que le prix d'entrée ne soit pas connu avant d'arriver sur place. Ce qui est sûr, c'est que vous pouvez laisser votre chemise au placard, choisissant plutôt **la devise « venez comme vous êtes »** pour charmer le videur.

SPECTACLES ET CONCERTS

Berlin Programm (www.berlin-programm.de) et ***Zitty*** (www.zitty.de) sont les deux magazines recensant les manifestations culturelles de la ville. Vous pouvez **réserver vos places** au guichet des salles, sur Internet ou via les centrales de réservation telles **eventim.de** et **koka36.de.** L'été, les concerts gratuits se multiplient : **Fête de la musique** (www.fetedelamusique.de), **festival de jazz de Kreuzberg** (www.kiez-und-kultur.de). Le dimanche (juil.-août, à 16h et 19h), ne manquez pas les concerts du festival **Konzertsommer** dans le Tiergarten (www.konzertsommer-berlin.de). Le reste de l'année, profitez des concerts gratuits de la **Philharmonie** (certains mardis, p. 151) ou des jam-sessions du **A-Trane** (sam. 0h30). Bons plans sur www.gratis-in-berlin.de.

SE REPÉRER

Chaque adresse de lieu de sortie est associée à une pastille violette numérotée. Vous retrouverez toutes les adresses positionnées sur le plan détachable.

Bars, clubs & sorties PAR QUARTIER

Autour de la porte de Brandebourg (Quartier 1 - p. 26)

KOMISCHE OPER
Opéra ① Plan G8

Malgré un extérieur peu enthousiasmant, l'opéra-comique a conservé sa très belle salle fin XIXe s., épargnée par les bombardements. Une programmation riche (Puccini, Offenbach...) et d'excellentes mises en scène, souvent minimalistes.

Behrenstrasse 55-57 • Ⓤ Französische Strasse • ☎ 47 99 74 00 • www.komische-oper-berlin.de • Billet (12-92 €) : billetterie Unter den Linden 41 (G7) • Lun.-sam. 11h-19h, dim. 13h-16h.

TAUSEND
Club ② Plan G7

Pas d'enseigne, mais une simple porte en fer sous la voie ferrée. Une autre adresse underground chère aux Berlinois ? Au contraire, le lieu se veut ultra-sélect, version speakeasy new-yorkais, la clientèle, branchée à souhait et le physionomiste à l'entrée plutôt exigeant.

Schiffbauerdamm 11 • Ⓤ & Ⓢ Friedrichstrasse • ☎ 27 58 20 70 • www.tausendberlin.com • Mar.-sam. dès 19h30 (f. de mi-juil. à mi-août) • Entrée : jusqu'à 10 € • Cocktails : à partir de 10€.

Komische Oper

Le long de la Friedrichstrasse (Quartier 2 - p. 32)

NEWTON BAR
Bar ③ Plan G8

Voici un lieu qui devrait ravir tous les admirateurs du photographe Helmut Newton et les amateurs de photos de nu. Dans ce bar, les murs sont recouverts par les œuvres de l'artiste, originaire de Berlin. Ambiance club de gentlemen à l'ancienne avec parquet, fauteuils en cuir, bois sombre et cigares. Prix élevés.

Charlottenstrasse 57 • U Stadtmitte • ☎ 20 29 54 21 • www.newton-bar.de • Dim.-mer. 11h-3h, jeu.-sam. 11h-4h • Bière : 3 € ; cocktail : 8-13 €.

KONZERTHAUS
Orchestre ④ Plan G8

Reconstruit puis rouvert en 1984, le majestueux théâtre néoclassique édifié par Schinkel au début du XIXe s. domine le Gendarmenmarkt, siège du « Konzerthaus Orchester », l'orchestre symphonique de Berlin. Ses quatre salles accueillent quelque 550 concerts par an.

Gendarmenmarkt • U Stadtmitte • ☎ 20 30 92 101 • www.konzerthaus.de • Billet (21-56 €) : lun.-sam. 12h-19h, dim. 12h-16h et 1h avant le concert.

L'île des Musées (Quartier 3 - p. 38)

STAATSOPER UNTER DEN LINDEN
Opéra ⑤ Plan H7

Le prestigieux Opéra « Sous les tilleuls », fondé en 1742, a rouvert ses portes à l'automne 2017, après dix ans de travaux. Et chaque soir ou presque, il enchante le public avec de grands classiques du répertoire (*Don Giovanni, La Flûte enchantée*...) dirigés par Daniel Barenboim. On y donne aussi des concerts et récitals à des prix abordables (16-22 €).

Unter den Linden 7 • Bus 100, 200 ou TXL • www.staatsoper-berlin.de • ☎ 030 20 35 45 55 • Billetterie : t.l.j. 11h-19h • Places : 16-275 €.

STRANDBAR MITTE
Bar ⑥ Plan H7

Vous voyez les chaises longues et les parasols qui s'alignent sur la terrasse en bois, le long du canal ? C'est là ! Le jeu consiste à commander une pizza napolitaine au bar du théâtre (on vous demandera une minicaution pour le verre) et à la grignoter au bord de l'eau. Très sympa sous le soleil. On y danse même (cha-cha-cha, tango, salsa) à partir de 20h (sam.-dim. 16h). Des cours de danse sont proposés du mardi au vendredi à 19h (1h ; 5-8 €).

Monbijoupark, sur les berges de la Spree • S Hackescher Markt • ☎ 44 32 77 29

Nos meilleurs *BIERGÄRTEN*

Blonde ou brune, à base d'orge ou de froment, la bière se déguste dès les beaux jours dans les *Biergärten*, brasseries en plein air souvent ombragées, où l'on vient avant tout pour boire une bière, ce qui n'empêche pas de grignoter. *Ein grosses Bier oder ein kleines Bier ?* Une grande ou une petite bière ?

CLÄRCHENS BALLHAUS

Une superbe adresse en plein Mitte où vous pourrez aussi dîner et rester danser. Voir p. 148.

BERGSCHLOSS

Venez tester les créations de la jeune brasserie artisanale Berliner Berg à Neukölln. Voir p. 166.

KULTURBRAUEREI

Vous êtes ici dans une ancienne brasserie et, même si l'on n'en produit plus, la bière est toujours excellente. Voir p. 99.

PFEFFERBERG

À un saut de puce de la station Senefelderplatz, un charmant « jardin d'été » avec concerts sous les tilleuls. Voir p. 98.

PRATER

De longues tablées sous les arbres éclairées de guirlandes lumineuses, voici le *Biergarten* par excellence. Voir p. 101.

Prater

• www.strandbar-mitte.de • Mai-sept. : t.l.j. à partir de 10h • Pizza de 7 à 12 € • Pas de résa possible.

MAXIM GORKI THEATER
Théâtre ⑦ Plan H7

Ce théâtre a été fondé en 1952 dans le bâtiment de l'ancienne Singakademie sur l'avenue Unter den Linden. Ayant pour toile de fond la crise économique et politique, les mises en scène traitent, souvent avec humour, des conflits sociaux et culturels contemporains. Toutes les pièces sont surtitrées en anglais.

Am Festungsgraben 2 • U & S Friedrichstrasse • ☎ 20 22 11 15 • www.gorki.de • Billets : 10-34 €.

Autour de l'Auguststrasse (Quartier 4 - p. 44)

MIKKELER
Bar à bières ⑧ Plan H6

Mikkel Borg, l'un des meilleurs brasseurs danois du moment, vient d'ouvrir à Berlin ce bar minimaliste. L'occasion de découvrir toute la gamme des bières Mikkeler, mais aussi les mousses suédoises Omnipollo et anglaises The Kernel. En accompagnement ? des fromages Alt Milch et de la charcuterie de Carsten Neumeier. Ambiance chaleureuse.

Torstrasse 102 • U Rosenthaler Platz • ☎ 0176 83 14 11 03 • www.mikkeller.dk • Lun.-jeu. 12h-1h, ven.-sam. 12h-2h, dim. 13h-1h • Bières : 4,50-5,50 €.

Grüner Salon & Roter Salon

Petit lexique de la bière

Bier vom Fass : bière pression.

Flaschenbier : bière en bouteille.

Beck's : importée du nord de l'Allemagne, elle est plus sombre et moins pétillante que les autres bières allemandes.

Bock : bière à base d'orge, blonde ou brune ; elle peut atteindre 6°.

Pilsener : bière au houblonnage plus appuyé donnant une légère amertume ; de la ville de Pilsen (Plzeň), en République tchèque.

Helles : bière blonde de fermentation basse.

Weizenbier : bière trouble et ambrée à base de froment, brassée en Bavière.

Berliner Weisse : bière à base de froment, mais très pâle, acidulée et pétillante. Elle se consomme souvent « avec un doigt » *(mit Schuss)* de sirop de fruit.

Schwarzbier : bière sombre au malt torréfié.

Radler : mélange de bière Pils et de limonade.

GRÜNER SALON & ROTER SALON
Concert ⑨ Plan I6

Ces deux salons réservent bien des surprises aux amateurs de danse. Au « salon vert », où flotte encore le parfum des années 1920, on écoute de la salsa, du tango et du swing. Au « salon rouge », on assiste à des concerts de rock, de punk ou d'électro, mais aussi de tango argentin.

Rosa-Luxemburg-Platz 2 • Ⓤ Rosa-Luxemburg-Platz • Grüner Salon : ☎ 24 00 93 28 • www.gruener-salon.de • Roter Salon : ☎ 24 06 55 • Facebook : Roter Salon / Volksbühne • T.l.j. selon programmation • Cocktail : 5,50 € • Bière : 2,30 €.

KAFFEE BURGER
Bar ⑩ Plan H6

Sympa et sans prétention, ce bar à la déco fanée est un incontournable. Un bar, une salle avec estrade, quelques tables et une piste de danse, tout le charme est dans la diversité des ambiances. On y vient prendre un verre, assister à des lectures ou à des projections, écouter des concerts (jeu.) ou danser lors de soirées Russendisko, parfois le tout au cours d'une même soirée.

Torstrasse 60 • Ⓤ Rosa-Luxemburg-Platz ou bus N8, tram M2, M8 • www.kaffeeburger.de • **Burgerbar :** t.l.j. dès 21h • **Kaffee Burger :** lun.-jeu. dès 20h, ven.-sam. dès 21h, dim. dès 19h • Entrée : 1-5 € • Bière : 2,50 €.

CHAMÄLEON
Cabaret ⑪ Plan H7

Ce music-hall présente des spectacles de cabaret qui font la part belle aux acrobaties, à l'humour et à l'érotisme. Que vous parliez allemand ou non, si vous prenez place au 1er rang, vous pourriez finir sur scène !

Rosenthaler Strasse 40-41 • Hof I • Ⓤ Weinmeisterstrasse ou Ⓢ Hackescher Markt • ☎ 400 05 90 • www.chamaeleonberlin.com • Billet : 37-67 € (2 € en plus le ven.-sam. et j.f.) • Dim.-lun. 12h-18h, mar.-ven. 12h-20h, sam. 12h-22h.

HACKBARTH'S BAR
Bar ⑫ Plan H6

Dans le quartier sympa et branché des Granges, ce bar est un lieu très agréable pour venir boire un verre et discuter entre amis. Le lieu attire une clientèle hétéroclite et propose un large choix de bières, de cocktails et de long drinks.

Auguststrasse 49a • Ⓤ Weinmeisterstrasse • ☎ 282 77 04 • Lun.-sam. 10h-2h, dim. 10h-minuit • Caïpirinha : 7,20 €.

VOLKSBÜHNE
Théâtre ⑬ Plan I6

Dirigé par Frank Castorf, ce théâtre réputé est l'une des scènes les plus turbulentes de Berlin. Les salles sont consacrées à toutes les formes d'expression, du théâtre à la danse en passant par la musique.

Rosa-Luxemburg-Platz • Ⓤ Rosa-Luxemburg-Platz • ☎ 24 06 57 77 • www.volksbuehne-berlin.de • Billet : 12-40 € (t.l.j. 12h-18h).

SOPHIENSAELE
Théâtre ⑭ Plan H6

Le lieu où Karl Liebknecht appela à la révolution est aujourd'hui l'un des théâtres les plus novateurs de Berlin. On y vient pour le théâtre, la danse et la musique. Une scène ouverte aux jeunes artistes et à la création contemporaine !

Sophienstrasse 18 • Ⓤ Weinmeisterstrasse • ☎ 28 35 266 • www.sophiensaele.com • Billet (7-15 €) : t.l.j. 16h-18h, sur internet ou 30 min. avt le spectacle.

CLÄRCHENS BALLHAUS
Salle de bal ⑮ Plan H6

De prime abord, on dirait un jardinet avec guéridons où l'on peut grignoter une pizza. Pourtant, l'immeuble au fond abrite une salle de bal qui vaut le détour : on s'y trémousse sur du tango argentin (mar.), du cha-cha-cha et de la valse (jeu.), du swing (mer.), de la salsa (lun.). Le week-end, un groupe joue à partir de 23h (ven.-sam.). Thé dansant le dimanche à 15h !

Auguststrasse 24 • Ⓢ Oranienburger Strasse • ☎ 28 29 295 • www.ballhaus.de • T.l.j. dès 11h (cuisine : 12h30-22h30) • Entrée : 7 € ven.-sam • Entrée libre dim.-jeu. • Bière : à partir de 2,80 €.

Clärchens Ballhaus

Autour de l'Alexanderplatz (Quartier 5 - p. 52)

KINO INTERNATIONAL
Cinéma / bar ⑯ Plan I7

Au début de la Karl-Marx Allee (anciennement Stalinallee), allant de l'Alexanderplatz au cœur de Friedrichshain, se dresse le Kino International. Rien de mieux qu'un verre à la buvette du premier étage pour prendre le temps d'apprécier l'architecture socialiste : austère de l'extérieur, mais aux intérieurs décorés de bois et de tissus chaleureux. Sans forcément assister à une séance de cinéma, venez en soirée ou dans l'après-midi. Le lieu organise occasionnellement de grandes fêtes, voir le programme sur le site.

Karl-Marx Allee 33
• Ⓤ Schillingstrasse
• ☎ 24 75 60 11
• www.kino-international.com
• Ouvre 30 min. avt la première séance, vérifier sur le site
• Verre de vin : 4-6 €.

B-FLAT
Club de jazz ⑰ Plan H7

Un autre incontournable de la scène live à Berlin : ce petit mais chaleureux club de jazz, créé en 1995 par deux frères musiciens d'origine grecque, Janis et Thanassis Zotos. Des trios venus de tous les horizons s'y relaient chaque soir pour vous bercer sur des rythmes modern jazz, groove et soul. Prix honnêtes (15 €), gratuit le mercredi pour les jam sessions.

Dircksenstrasse 40
• Ⓤ Alexanderplatz • ☎ 283 31 23
• www.b-flat-berlin.de
• T.l.j. à partir de 20h.

Notre top DES CLUBS ÉLECTRO

Si les soirées peuvent finir très tard, elles ne commencent souvent pas avant 1h. Venir tôt augmentera vos chances de rentrer dans les clubs les plus prisés de la capitale, où les files d'attente sont très longues et où les videurs, qui n'en font qu'à leur tête, sont moins réticents à faire entrer les touristes quand la salle est encore vide...

GRETCHEN

On y va pour leur sélection pointue de concerts et de soirées électro ou hip-hop. Voir p. 156.

TRESOR

Une référence des nuits techno et électro depuis les années 1990. Voir p. 159.

WATERGATE

Apprécié des clubbers pour sa musique minimale et sa vue donnant directement sur la Spree. Voir p. 162.

BERGHAIN PANORAMA BAR

Le club le plus couru de Berlin et d'Allemagne... voire d'Europe ! Voir p. 165.

SCHWUZ

Trois salles et trois ambiances musicales pour cette institution de la nuit gay berlinoise. Voir p. 166.

Kulturforum et Potsdamer Platz (Quartier 6 - p. 56)

SOLAR
Bar / club ⑱ Plan D3

Suivez les indications du portier en bas de l'immeuble et montez dans l'ascenseur pour atteindre le dernier étage vitré. Une fois en haut, vous pourrez profiter du soleil couchant, en hiver comme en été, avec une vue imprenable sur les immeubles de la Potsdamer Platz et bien au-delà. Ambiance lounge, sombre et chic. Solar est un « sky-bar », mais aussi un « sky-restaurant », attention cependant aux prix (menu 4 plats, 67 €).

Stresemannstrasse 76 • S Anhalter Bahnhof • ☎ 0163 7652700 • www.solarberlin.com • Lun.-ven. 18h-2h, sam. 18h-4h • Cocktails : env. 11-12 €.

PHILHARMONIE UND KAMMERMUSIKSAAL
Orchestre ⑲ Plan D3

La Philharmonie surprend tant par son architecture que par son acoustique exceptionnelle. Elle est le siège de l'excellent Orchestre philharmonique de Berlin, dirigé par Kirill Petrenko. La Kammermusiksaal, plus petite, est le lieu incontournable pour les amateurs de musique de chambre. Programmation riche et variée.

Herbert-von-Karajan-Strasse 1
• Ⓤ & Ⓢ Potsdamer Platz
• ☎ 25 48 89 99
• www.berliner-philharmoniker.de
• Billet (24-300 €) : lun.-ven. 15h-18h, sam.-dim. 11h-14h.

Charlottenburg, autour du château (Quartier 8 - p. 70)

DEUTSCHE OPER
Opéra ⑳ Plan B3

Bâti dans les années 1960, mais un peu défraîchi, le Deutsche Oper jouit d'une réputation mondiale et sa programmation n'a rien à envier à celle de son rival d'Unter den Linden. Son orchestre est très renommé. C'est le plus grand opéra de Berlin avec ses 1 865 places.

Bismarckstrasse 35
• Ⓤ Deutsche Oper
• ☎ 34 38 43 43
• www.deutscheoperberlin.de
• Billet (31-79 €) : lun.-sam. de 11h-19h (sinon jusqu'au début du spectacle), dim. 10h-14h.

BOOTSHAUS STELLA
Biergarten ㉑ Plan A3

Pour un apéro en plein air, il y a aussi le Lietzensee, le petit lac qui serpente derrière la station de métro la plus proche du château de Charlottenburg. Si vous longez ses berges, vous tomberez sur une charmante terrasse au bord de l'eau, qui a tous les ingrédients d'un *Biergarten* : des petits plats sans prétention (saucisses, *Leberkäse*...), mais un gros choix de bières et de cocktails.

Witzlebenplatz 1 • Ⓤ Sophie-Charlotte-Platz • www.bootshausamlietzensee.de • Été : t.l.j. 11h-18h (23h) • *Long drinks* : à partir de 7 €.

Charlottenburg, le long du Kurfürstendamm (Quartier 9 - p. 74)

MONKEY BAR
Bar ㉒ Plan C3

Comme son voisin, le restaurant NENI (p. 125), le Monkey Bar surplombe le zoo de Berlin au dernier étage du 25hours Hotel. Pour un cocktail en soirée ou pour un dimanche après-midi en musique (électro), avec la skyline berlinoise pour décor. Le bar sert aussi des snacks d'inspiration new-yorkaise :

pastrami sandwich, cheesecake...
25Hours Hotel, Budapester Strasse 40 • U & S Zoologischer Garten • ☎ 12 02 21 210 • www.25hours-hotels.com/de/bikini/restaurant/monkey-bar.html • T.l.j. 12h-2h • Moscow Mule : 12,50 €.

ONE LOUNGE
Bar ㉓ Plan C3

Le bar perché au 10e étage de l'hôtel Motel-One Upper West (118 m de hauteur) n'est pas réservé aux seuls clients de l'hôtel. Profitez-en ! L'atmosphère est relaxante et la vue, par temps clair, panoramique. Le choix de snacks est limité mais ils ont plusieurs cocktails à la carte, 2-3 sortes de bières, des digestifs de la maison Lantenhammer (5 €), et même des liqueurs de plantes médicinales (Jägermeister).
Kantstrasse 163-165 • U & S Zoologischer Garten • ☎ 32 29 31 90-0 • motel-one.com/fr/hotels/berlin/hotel-berlin-upper-west • Cocktails : 8,50 €.

THEATER DES WESTENS
Comédie musicale ㉔ Plan B3

Ce magnifique édifice wilhelminien est devenu, depuis 1987 et la reprise de Cabaret, l'une des meilleures scènes de comédies musicales en Europe. Plus cher le samedi soir.
Kantstrasse 12 • U & S Zoologischer Garten • ☎ 01 80 54 444 • www.stage-entertainment.de • Billet (60-150 €) : mar. 11h-19h30, mer. 11h-20h30 et jeu.-dim. 11h-19h30.

SCHAUBÜHNE
Théâtre ㉕ Plan B3

Ce célèbre théâtre a retrouvé un second souffle avec l'arrivée à sa tête en 1999 du metteur en scène Thomas Ostermeier et de la chorégraphe Sasha Waltz - qui a quitté les lieux en 2006. C'est désormais un grand centre de la création contemporaine, un pôle majeur du théâtre et de la danse. Au programme : Brecht, Strindberg, Tolstoï (parfois surtitré en français).
Kurfürstendamm 153 • U Adenauerplatz ou bus M19, M29 • ☎ 89 00 23 • www.schaubuehne.de • Billets (7-48 €) • Lun.-sam. 11h-18h30, dim. 15h-18h30.

BAR JEDER VERNUNFT
Cabaret ㉖ Plan B3

Sous une tente Art déco et dans une ambiance magique de velours rouge, de bougies et de miroirs, venez voir la fine fleur du cabaret et de la chanson d'auteur. Des spectacles originaux et proches de l'esprit berlinois des années 1920.
Schaperstrasse 24 • U Spichernstrasse • ou bus 204, 249 • ☎ 88 31 582 • www.bar-jeder-vernunft.de • Billet (19-39 €) • Lun.-ven. 12h-18h30, sam.-dim. 15h-17h30 et avant le spectacle (ouverture du restaurant 1h30 avant le spectacle).

A-TRANE
Club de jazz ㉗ Plan B3

De l'extérieur, il ne paie pas de mine. Et pourtant, c'est l'un des meilleurs clubs de jazz de la

Les plus beaux *ROOFTOPS*

Prendre de la hauteur est souvent l'un des meilleurs moyens de découvrir une ville. Voici nos adresses préférées pour admirer la skyline berlinoise.

KLUNKERKRANICH

L'un de ces lieux insolites qui font le charme exceptionnel de Berlin. Voir p. 167.

SOLAR

Pour profiter de la vue sur la Potsdamer Platz quelle que soit la température extérieure. Voir p. 150.

MONKEY BAR

Au dernier étage du 25hours Hotel, l'adresse la plus trendy du moment à Charlottenburg. Voir p. 151.

ONE LOUNGE

Un tout nouveau bar d'hôtel pour tutoyer le ciel. Sage et reposant. Voir p. 152.

Klunkerkranich

Nos meilleures adresses
POUR ÉCOUTER DU JAZZ

Berlin n'est pas la ville des seuls clubs électro. Très appréciés des Berlinois, les clubs de jazz sont réputés pour leurs excellentes programmations où se côtoient artistes allemands et étrangers. Chaque année, en novembre, le festival JazzFest Berlin (p. 21) y attire des amateurs du monde entier.

A-Trane

A-TRANE

D'après le surnom de John Coltrane, de bonnes vibs et une ambiance intimiste. Voir p. 152.

QUASIMODO

À deux pas de la station Zoo, un club légendaire avec une affiche réputée. Voir p. 155.

B-FLAT

L'acoustique y est excellente et le programme, très varié. Près de l'Alex. Voir p. 149.

YORCKSCHLÖSSCHEN

Pour leurs petits concerts live, leur bière de quartier et leur jazz-brunch du dimanche. Voir p. 156.

capitale (il a même été élu, en 2011, « Best Jazzclub » de toute l'Allemagne). Le souci, c'est qu'il est tout petit : 100 places maxi et vite... chaud bouillant, surtout durant le JazzFest Berlin. Un conseil : arrivez tôt ou réservez ! Jam session le samedi à minuit.

Bleibtreustrasse 1 • U Savignyplatz • ☎ 313 25 50 • www.a-trane.de • T.l.j. 20h-1h (plus tard ven.-sam.) ; sam. jazz session à minuit.

QUASIMODO
Club de jazz ㉘ Plan B3

Si vous êtes fan de blues et de funk, ça vaut la peine de pousser la lourde porte de cette salle de concert en sous-sol qui a connu ses heures de gloire du temps de Chet Baker et de Dizzy Gillespie. Car elle vient de retrouver un second souffle grâce à Tomas Spindler, un pro de la programmation. Le bar aussi est sympa.

Kantstrasse 12a
• U & S Zoo-logischer Garten
• ☎ 318 045 60
• www.quasimodo.de
• Lun.-ven. à partir de 15h30-minuit (11h en été), sam.-dim. 12h-1h, concerts à 22h15.
• Concerts : à partir de 20 €.

Schöneberg (Quartier 10 – p. 78)

HAFEN
Bar / club ㉙ Plan C3

Si vous ne savez pas quel bar choisir dans le quartier gay de la Motzstrasse, commencez par ce *Kneipe* à l'ambiance disco-pop qui n'a pas bougé depuis les années 1990. *Come as you are !* Et si la salle est bondée, restez sur le trottoir qui se transforme en terrasse au fur et à mesure de la soirée.

Motzstrasse 19 • U Nollendorfplatz
• ☎ 21 14 118 • www.hafen-berlin.de
• T.l.j. 20h-3h • Virgin Mojito : 8 €.

STAGGER LEE
Bar ㉚ Plan C3

Mi-pub, mi-saloon, ce bar décoré de boiseries est connu pour ses cocktails. La carte des boissons est longue, laissez-vous tenter par des associations inédites ou demandez conseil au bar. Située dans une rue un peu plus calme que sa voisine la Motzstrasse, c'est une adresse culte, ouverte tous les soirs !

Nollendorfstrasse 27
• U Nollendorfplatz
• ☎ 29 03 61 58
• Facebook : Stagger.lee.cocktailbar
• T.l.j. 19h-2h (4h sam.-dim.)
• Cocktail : 8-12 €.

LEBENSSTERN
Bar à cocktails ㉛ Plan C3

Au 1er étage de la villa Einstein se niche « l'Étoile de Vie », un ancien casino clandestin que l'on aime pour ses fauteuils club, sa bande-son jazzy et son petit parfum des années 1920. Aux beaux jours, sa terrasse offre une très agréable vue sur le jardin. Si vous appréciez le rhum, vous serez servi : il y en a ici plus de 600 sortes.

Kurfürstenstrasse 58
• U Uhlandstrasse ou Adenauerplatz
• ☎ 26 39 19 22
• www.lebens-stern.de
• Lun.-sam. 19h-2h • Cocktails : à partir de 9 € ; vin au verre : 7 €.

Kreuzberg, le long du Mehringdamm (Quartier 11 - p. 82)

GRETCHEN
Club ㉜ Plan D3

De l'extérieur, ce club qui a célébré son 10e anniversaire en 2016 ne paie pas de mine, adossé à une ancienne station-service reconvertie en supermarché bio. Pourtant une fois passée la porte, on pénètre dans une très belle salle voûtée en briques où résonne le son des DJ électro et hip-hop les plus réputés, qui ont fait de ce club une référence berlinoise.

Obentrautstrasse 19-21 • U Mehringdamm • ☎ 259 227 02 • www.gretchen-club.de • Jours et horaires : voir programme • Tarifs : 8-12 € pour les soirées organisées par le club.

YORCKSCHLÖSSCHEN
Club de jazz ㉝ Plan D4

Décorée d'affiches et de photos consacrées au jazz, cette *Kneipe* traditionnelle se transforme les mercredi, vendredi, samedi et dimanche en club de jazz. Le reste du temps, faites comme les habitués : venez y boire une bière, faire une partie de flipper et manger des plats copieux et bon marché. S'il fait beau, n'hésitez pas à profiter du *Sommergarten* et de la terrasse.

Yorckstrasse 15 • U Mehringdamm • ☎ 215 80 70 • www.yorckschloesschen.de • Lun.-sam. 17h-3h, dim. 11h-3h • Plat : 3-14 €.

Kreuzberg, autour de l'Oranienstrasse (Quartier 12 - p. 86)

FREISCHWIMMER
Bar ㉞ Plan F3

Par beau temps, cette « guinguette » au bord de l'eau est littéralement prise d'assaut. Moins pour les snacks que l'on peut y grignoter en terrasse (grillades, flammkuche...) que pour son atmosphère jeune et ultra-décontractée. La carte des boissons est créative : grogs jamaïcains, limonade chaude de canneberges, sirop de sureau menthe et limette (Heisser Hugo, 4,50 €)...

Vor dem Schlesischen Tor 2A (Am Flutgraben) • U Schlesisches Tor • ☎ 61 07 43 09 • www.freischwimmer-berlin.com • Lun.-sam. à partir de 12h, dim. dès 10h • Buffet : 12,90 € ; verre de prosecco : 4,90 € ; mojito : 6,50 €.

LUGOSI
Bar ㉟ Plan F3

Dans une rue un peu à l'écart des Skalitzer Strasse et Oranienstrasse parfois trop animées le soir, ce bar à la décoration sobre et subtile sert de bons cocktails à siroter à la lueur de la bougie. Malgré un fond musical agréable et une ambiance feutrée, vous

Privat Club

préférerez peut-être profiter de la terrasse si le temps le permet.
Reichenberger Strasse 152 • U Görlitzer Bahnhof • ☎ 0176 30 44 45 05 • Facebook : Bar.Lugosi • T.l.j. à partir de 19h • *Long drinks* : 6-10 €.

FARBFERNSEHER
Club ㊱ Plan F3

Si Berlin regorge de clubs originaux, c'est par sa taille que celui-ci tire son épingle du jeu. Considéré par les technophiles comme le plus petit club de la capitale (il est situé dans un ancien magasin de réparation de télévision), il s'avère être une étape incontournable lors d'une tournée des bars à Kreuzberg. Le DJ est généralement au même niveau que le dancefloor, se fondant dans la foule compacte des danseurs.
Skalitzer Strasse 114 • U Görlitzer Bahnhof • ☎ 53 09 17 11 • www.farb-fernseher.de • Mer.-sam. 22h-6h (à partir de 23h juin-sept.) • Entrée : 10-15 €.

PRIVAT CLUB
Club ㊲ Plan F3

Vous voulez danser, mais vous n'êtes pas trop branché musique électronique ? Ce club est fait pour vous ! Hip-hop, punk, soul, indie pop, indietronic, wave, rock, swing, house... La programmation est très éclectique mais pointue, l'ambiance, bon enfant et le cadre (une ancienne poste), séduisant. Des concerts ont lieu avant les DJ sets du week-end ainsi que certains soirs de semaine. Surveillez le site pour connaître la programmation et choisir l'ambiance de votre soirée.
Skalitzer Strasse 85-86
• U Schlesisches Tor • ☎ 61 67 59 62
• www.privatclub-berlin.de
• Soirées : ven.-sam. à partir de 23h

• Concerts : t.l.j. • Entrée : 0-25 € (selon programmation)
• Bière : env. 3 € ; long drink : 6 €.

PRINCE CHARLES
Club ㊳ Plan E3

Au sein de la Aufbau Haus, complexe abritant les bureaux de nombreux créatifs berlinois et quelques boutiques, cette salle de concerts est installée dans une ancienne piscine. Une fois la cour intérieure traversée, on accède au bassin qui fait office de bar. Scène reconnue et courue pour la qualité de son sound system qui diffuse de l'électro, du hip-hop et plus rarement du rock. Sa taille humaine et sa déco bien choisie tranchent avec l'esprit « friche industrielle » de la majorité des clubs de la ville.
Aufbauhaus, Prinzenstrasse 85F
• U Moritzplatz
• ☎ 0176 86 80 39 84
• www.princecharlesberlin.com
• Jours et horaires : voir programme
• Entrée : 10-20 €.

CLUB DER VISIONAERE
Bar ㊴ Plan F3

Grâce à sa programmation minimale intéressante et surtout sa situation idyllique sur les berges de la Spree, le Club der Visionaere est le chouchou des Berlinois pour boire un verre l'après-midi ou faire la fête jusqu'au petit matin, « les pieds dans l'eau ». Pour plus de « magie » (et surtout moins d'affluence), préférez les soirs de semaine et les après-midi.
Am Flutgraben • U Schlesisches Tor • ☎ 695 189 42 • http://clubdervisionaere.com • Ouvert aux beaux jours, en principe mai-oct., lun.-ven. 15h-open end, sam.-dim. 15h-open end • Entrée : 3-5 € ; bière : 3 €.

MADAME CLAUDE
Bar / concerts ㊵ Plan F3

Cette Madame Claude n'organise pas de parties fines mais entend bien faire chavirer vos sens. Chaises, lampadaires et tables

Club der Visionaere

au plafond : c'est dans ce cadre sens dessus dessous et les salles attenantes que s'organisent concerts, soirées quiz et sets conviviaux. Attention, ouvert par trois Français, le bar est un nid de *Franzosen* ; dépaysement non garanti.

Lübbener Strasse 19 • U Schlesisches Tor • ☎ 84 11 08 59 • www.madameclaude.de • T.l.j. 19h-3h • Entrée : 1-6 € (3-8 € avec concerts en sem.) • Bière : à partir de 2,50 €.

TRESOR
Club ㊶ Plan I8

Véritable référence dans le milieu électro, ce club pionnier ouvert en 1991 anime toujours les nuits berlinoises. Installé dans une ancienne centrale électrique, son dancefloor est au bout de l'immense couloir enfumé, signature du lieu. On y danse principalement sur de la techno plutôt « dure ». Public de clubbers chevronnés.

Köpenicker Strasse 70 • U Heinrich-Heine-Strasse • ☎ 69 53 77 20 • http://tresorberlin.com • Lun.-sam. à partir de 23h45 • Entrée : 12-15€ • Bière : 5,50 €.

MÖBEL-OLFE
Bar ㊷ Plan E3

De la rue, irrésistiblement les néons verts vous attirent. N'hésitez pas : poussez la porte. Une fois à l'intérieur, le décor est sans âge et insolite. Commandez une pression ou une vodka, et laissez-vous porter par l'ambiance festive de ce bar gay.

Reichenberger Strasse 177 • U Kottbusser Tor • ☎ 23 27 46 90 • www.moebel-olfe.de • Mar.-dim. 18h-4h • Bière polonaise : 2,80 € le 1/2 l.

WÜRGEENGEL
Bar ㊸ Plan E3

Bel endroit pour buller et discuter, un cocktail à la main. La carte mêle les classiques à une sélection mixologique inventive. Le cadre est élégant mais sans prétention, et les prix sont à l'image du lieu : de 6,50 € (pour une margarita) à 14 € pour les cocktails au champagne. Possibilité de grignoter.

Dresdener Strasse 122 • U Kottbusser Tor • ☎ 61 55 560 • www.wuergeengel.de • T.l.j. 19h-open end • Cocktail : 7,80 €, bière : 3,50 €.

SAGE CLUB
Club ㊹ Plan I8

Ne vous fiez pas à son nom, l'endroit n'a rien de très sage ! Dans un décor postmoderne rehaussé de tentures colorées, plusieurs bars et pistes de danse vous ouvrent les bras. Selon les soirs, la musique varie du rock à la techno en passant par la house. En outre, c'est un des lieux les plus en vogue pour les afters.

Brückenstrasse 1 (à l'angle de la Köpenicker Strasse) • U Heinrich-Heine-Strasse ou bus N8 • www.sage-club.de • Jeu. à partir de 20h • Entrée après 22h : 8 € ; cocktail : à partir de 8 € ; happy hour : 20h-21h.

SO 36
Club ㊺ Plan E3

Haut lieu de la scène punk des années 1980, c'est aujourd'hui LA boîte de Kreuzberg. Les soirées à thème réunissent une clientèle mixte, mais sachez que la boîte est gay et que certaines soirées sont très chaudes. Ne ratez pas le Rollerdisco le 3e lundi du mois ! Programme sur le site et dans les magazines *Zitty* et *Sergej*.

Oranienstrasse 190 • U Görlitzer Bahnhof ou bus M29, N8, N29 • ☎ 61 40 13 06 • www.so36.de • Concerts et soirées mar.-sam. à partir de 20h • Bière : à partir de 4 €.

FLUX BAU
Club ㊻ Plan F3

Cette salle de concerts est la vitrine nocturne de la radio indépendante Flux FM, incarnation de la scène musicale berlinoise. Ses horaires étant très irréguliers, on ne saurait que recommander de consulter le programme en ligne pour profiter d'une belle soirée dans une ambiance rock et décontractée. L'atout principal de cette salle - après la musique - est sa terrasse placée sur la Spree. Programmation pointue et tarifs abordables pour un lieu unique !

Pfuelstrasse 5, cour intérieure • U Schlesisches Tor • ☎ 0157 58 09 37 13 • www.fluxfm.de • Facebook : Fluxbau • Jours et horaires : voir programme • Prix variable (selon programmation).

WENDEL
Bar ㊼ Plan F3

Un bar chaleureux, principalement fréquenté par des étudiants en art et des habitants du quartier. Sur les murs de béton brut, des graffitis et une réflexion générale sur l'environnement

Wendel

Nos meilleurs spots
PIEDS DANS L'EAU

Sur les berges des lacs, de la Spree et du Landwehrkanal, les Berlinois ont le don d'aménager de sympathiques « bars de plage » *(Strandbars)* et terrasses chill out. Certains ont vraiment un charme particulier. Voici nos préférés. À consommer sans modération, dès les beaux jours.

Strandbar Mitte

BOOTSHAUS STELLA

Pour sa terrasse sur pilotis et ses jolies vues sur le Lietzensee. Voir p. 151.

RADIALSYSTEM V

Le bar de ce centre culturel a le goût des vacances. Parasol ou transat ? Voir p. 163.

CAFÉ AM NEUEN SEE

Au bord d'un lac du Tiergarten, un cadre sympa pour une bière fraîche au cœur de l'été. Voir p. 66.

FREISCHWIMMER

Pour la magie de ses pontons au soleil couchant. Une adresse incontournable en été. Voir p. 156.

STRANDBAR MITTE

Sur les berges de la Spree, un bar de plage avec sable, salsa et palmiers. Voir p. 144.

Freischwimmer

urbain. Les meubles sont chinés, et les canapés usés jusqu'à la corde côtoient la porcelaine fine. Des performances sont très régulièrement organisées (jazz, rock, DJ...). Un bon point de départ avant une soirée dans ce quartier largement consacré à la nuit.

Schlesische Strasse 42 • U Schlesisches Tor • ☎ 61 07 40 29 • www.wendel.nstp.de • T.l.j. 15h-open end • Entrée gratuite • Bière : 2,80 € ; cocktail : à partir de 7,50 €.

WATERGATE
Club ㊽ Plan F3

Posée en bord de Spree, cette boîte est un des hauts lieux de la nuit berlinoise et de la musique minimale, électro caractéristique de Berlin. La plupart des pointures internationales et clubbers en goguette sont passés par là. Si la programmation est optimale, le lieu vaut également le détour avec ses vastes baies vitrées sur le fleuve, sa terrasse pour souffler et son plafond de leds pour l'onirisme. Popularité oblige, la file d'attente peut être (très) longue, surtout le samedi.

Falckensteinstrasse 49 • U Schlesisches Tor • ☎ 61 28 03 94 • www.water-gate.de • Mer., ven., sam. minuit-open end • Entrée : 10-20 € • Bière : 4 € ; cocktail : 7 €.

Friedrichshain et l'East Side Gallery (Quartier 13 - p. 90)

Badehaus

BADEHAUS
Bar et concerts ㊾ Plan HP par F3

Sur le site du RAW (p. 90), l'ancienne « maison de bain » où se douchaient les ouvriers qui entretenaient les trains fait aujourd'hui office de salle de concerts. La programmation, intéressante, alterne hip hop, italo swing, rythmes klezmer, etc. Et l'on peut y siroter de la bière tchèque et de la palinka hongroise tout en grignotant quelques snacks des Balkans. Pourvu que ça dure !

Revaler Strasse 99 (dans l'axe de la Simon-Dach-Starsse) • S Warschauer Strasse • ☎ 25 93 30 42 • www.badehaus-berlin.com • Concerts à partir de 19, 20 ou 22h • Entrée : 5 € avant 22h, 8 € après.

ČSA
Bar lounge (50) Plan F2

Un style mi-rétro mi-minimaliste, une atmosphère très « chilly » et de grandes baies vitrées donnant sur l'impressionnante avenue Karl-Marx ? Pas de doute : c'est le ČSA (prononcer tché-èss-a), un lounge assez chic aménagé, derrière les gros pots de buis, dans l'ancienne agence de la compagnie aérienne tchèque. Leur *mai tai* est réputé.

Karl-Marx-Allee 96 • U Weberwiese • ☎ 29 04 47 41 • www.csa-bar.de • Lun.-sam. 20h (en été dès 19h) • Bière : 3 € ; vin au verre : 6 € ; cocktails : 6-8 €.

RADIALSYSTEM V
Centre culturel (51) Plan F3

Depuis que cette ancienne station de pompage (1881) a été convertie en centre culturel sur 6 étages, on peut assister à des concerts qui sortent des sentiers battus et boire un verre tout en profitant d'une vue vraiment spectaculaire depuis la terrasse sur la Spree, idéale au coucher du soleil. Petite restauration saine et bio, cela va sans dire.

Holzmartkstrasse 33 • S Ostbahnhof • ☎ 288 788 50 • www.radialsystem.de • Café : t.l.j. 10h-19h (par beau temps jusqu'à la tombée de la nuit) • Plats bio : 10 € ; bières et vin au verre : à partir de 4 €.

ASTRO BAR
Bar-club (52) Plan HP par F2

Vous avez aimé *Star Trek* et *Goldorak* ? Tant mieux, car la

Astro Bar

décoration de ce bar est plutôt surprenante, et la clientèle n'est pas moins « hallucinante ». C'est très mélangé, les cocktails sont délicieux et abordables, et la musique électronique y est reine. Le week-end, un DJ y propulse les rythmes chers à l'underground berlinois.

Simon-Dach-Strasse 40 • U Frankfurter Tor • ou tram M10, M13, M21 • ☎ 017 37 68 26 25 • T.l.j. 18h-4h • Long drink : 4,50-6,50 €.

YAAM
Bar-club (53) Plan F3

Le Young African Art Market (YAAM) installé au bord de la Spree est organisé comme un microvillage, il propose un bar, un restaurant végétalien, des échoppes, des terrains de sport, des ateliers pour enfants, des concerts, des événements

Nhow

artistiques... Dépaysement garanti, un verre de rhum à la main et les pieds dans le sable...
An der Schillingbrücke 3 • Ⓢ Ostbahnhof • ☎ 615 13 54 • www.yaam.de • À partir de 11h et jusqu'à tard dans la nuit selon la programmation • Accès libre hors événements.

URBAN SPREE
Club ⑭ Plan F3

Première étape recommandée pour découvrir la friche du RAW et ses innombrables clubs en tous genres, Urban Spree est un lieu pluriel : galerie et librairie le jour, espace de programmation musicale la nuit. On est ici au cœur de la créativité berlinoise entre street art, street food (des snacks sont installés sur le terrain) et festivals variés. Dès les beaux jours, on peut profiter du soleil sur les chaises longues situées dans la cour en attendant que les concerts commencent.
Revaler Strasse 99 • Ⓢ Warschauer Strasse • ☎ 74 07 85 97 • www.urbanspree.com • Jours et horaires : voir programme • Accès libre à la galerie • Entrée : 10-20 €.

NHOW
Bar ⑮ Plan F3

Le Nhow est un hôtel très hype qui a la bonne idée de disposer au rez-de-chaussée d'un bar quasi psychédélique où tout ondule : les sofas dorés, l'arche rose et la bande-son (excellente). Même la carte des boissons est ronde ! Superbe vue sur la Spree.
Stralauer Allee 3 • Ⓤ & Ⓢ Warschauer Strasse • ☎ 29 02 99 41 06 • www.nhow-hotels.com • T.l.j. 11h-2h • Shooter de saké : 8 - 10 € ; cocktail : 12 €.

MATRIX
Club ⑯ Plan F3

Installé sous une station de métro, ce club, autrefois dédié à la techno, occupe des lieux qu'à Berlin seulement on ne juge pas improbables... Malgré cela, le Matrix est devenu très branché et si, pour certains, sa programmation est trop généraliste, l'endroit vaut tout de même le détour !
Warschauer Platz 18 • Ⓤ & Ⓢ Warschauer Strasse ou bus N29 • ☎ 29 36 99 90 • www.matrix-berlin.de • Lun.-ven. à partir de 22h-5h, sam.-dim. 22h-6h • Entrée : mer.-sam. 7-8 € • Cocktail : à partir de 6,50 €, long drink : 6-8 €.

BERGHAIN PANORAMA BAR
Club / concerts ⑰ Plan F3

Ce club, logé dans une ancienne centrale électrique du meilleur goût néoclassique socialiste (1953), est certainement le plus connu de la scène berlinoise. Des DJ viennent du monde entier pour des soirées techno, house, hip-hop, funk...

Am Wriezener Bahnhof • Ⓢ Ostbahnhof ou bus N40 • ☎ 29 36 02 10 • www.berghain.de • Kantine am Berghain : 1 concert en semaine à partir de 20h (12-25 €), voir programme en ligne • Panorama Bar : ven. minuit-4h, sam.-dim. minuit-petit matin • Entrée autour de 15-16 € • Cocktail autour de 7 €, bière : à partir de 3,50 €.

Prenzlauer Berg (Quartier 14 - p. 96)

BECKETTS KOPF
Bar à cocktails (58) Plan E1

Un lieu feutré entièrement baigné de rouge, à l'enseigne de l'écrivain irlandais Samuel Beckett, où vous pourrez tester quelques créations maison signées Oliver et Christina qui expérimentent d'audacieuses combinaisons à base de korenwijn (eau de vie de grains) ou de bière berlinoise (Berliner Weisse).

Pappelallee 64 • Ⓤ Eberswalder Strasse • ☎ 44 03 58 80 • www.becketts-kopf.de • Mar.-jeu. 20h-3h, ven.-sam. 20h-4h, dim.-lun. 20h-2h (dès 19h d'oct. à avril) • Bière artisanales : 7 € ; cocktails : 11-13 €.

MORGENROT
Bar alternatif (59) Plan E1

Dans le quartier, ce café est connu comme le loup blanc pour ses copieux brunchs végétariens (9 € ; ven., sam. et dim. 11h-15h), mais c'est avant tout un bar solidaire, géré par un collectif, qui mise sur le commerce équitable, le bio et le local. Il y a donc un grand choix de boissons de petits producteurs, que l'on paye en fonction de ses moyens.

Kastanienallee 85 • Tram M1 Schwedter Strasse • ☎ 44 317 844 • Mar.-jeu. 10h-1h, ven.-sam. 11h-3h, dim. 11h-minuit • Cocktails vegan : 6,50 €.

SCHWARZE PUMPE
Bar (60) Plan E1

À quelques pas de la Kastanienallee très touristique, Schwarze Pumpe propose une carte typique des *Kneipen* berlinois : bières, boissons fraîches ou chaudes, mais aussi quelques plats simples et nourrissants. Celui-ci existe depuis plus de vingt ans, de quoi vous faire ressentir l'âme encore rugueuse de Berlin, dans ce quartier totalement rénové depuis le milieu des années 2000.

Choriner Strasse 76 • Ⓤ Senefelderplatz • ☎ 44 96 939 • www.schwarzepumpe-berlin.de • T.l.j. 10h-1h • Jus : 1,70 €, bière (0,5 l) : 3,50 €.

WOHNZIMMER
Bar ⑥① Plan E1

Ce café-bar à la déco vintage dépareillée est le lieu parfait pour terminer une longue journée passée à explorer les rues de Prenzlauer Berg. Si sa carte de gâteaux fait de ce lieu un incontournable à l'heure du *Kaffee-Kuchen* (goûter), il devient un bar fumeur et animé en soirée. C'est une atmosphère chaleureuse qui vous attend jusque tard dans la nuit, comme si vous étiez dans le salon *(Wohnzimmer)* cosy d'un ami.

Lettestrasse 6 • U Eberswalder Strasse • ☎ 44 55 458 • www.wohnzimmer-bar.de • T.l.j. à partir de 12h • Limonade bio : 4,70 €, bière (0,5 l) : 2,60 €.

VOIR AUSSI :

Prater | p. 101 | ⑥② Plan E1

Neukölln, à l'est de Tempelhof (Quartier 16 – p. 106)

MUTED HORN
Bar à bières ⑥③ Plan F4

Le « cor bouché », allusion à un roman de Thomas Pynchon (*La Vente à la criée du n° 49*), est un bar brut de décoffrage mais ultra-chaleureux, spécialisé dans la bière, qui propose une formule originale : la Probier-Brett (9 €) permettant de tester 4 bières au choix sur les 22 bières pression. Qui dit mieux ? Rassurez-vous, il y a aussi de la *ginger ale* sans alcool.

Flughafenstrasse 49 • U Boddinstrasse • ☎ 91 56 92 56 • FB : Mutedhorn • Lun.-jeu. 17h-2h, ven. 17h-3h, sam. 15h-3h, dim. 15h-2h • Bières : 5,60-6,50 €.

SCHWUZ
Club ⑥④ Plan F4

Anciennement installé au sous-sol d'un bar sur le Mehringdamm, le SchwuZ est une institution de la nuit gay berlinoise. Depuis son emménagement en 2013 dans des locaux de l'ancienne usine Kindl à Neukölln, ce club a pris une nouvelle dimension et propose désormais trois dancefloors, du plus pop au plus électro. Vous n'aurez qu'à choisir !

Rollbergstrasse 26 • U Boddinstrasse • ☎ 57 70 22 70 • www.schwuz.de • Ven.-sam. (parfois dim.) à partir de 23h • Entrée : 6-12 €.

BERGSCHLOSS
Bar à bières ⑥⑤ Plan F5

Bergschloss est le QG de la brasserie artisanale Berliner Berg, fondée par trois compatriotes après plusieurs années passées entre l'Australie, les États-Unis et l'Allemagne à étudier ce secteur en recrudescence. Lager, Pale Ale, Berliner Weisse... ce sont des bières de tradition allemande jumelées avec de nouveaux concepts qui sont brassées dans le quartier de Neukölln. Des spécialités de saison sont également créées pour le plaisir des connaisseurs. À déguster chaque soir en fin de semaine et dans le *Biergarten* extérieur en été.

Kopfstrasse 59 • Ⓤ Leinestrasse • ☎ 644 35 906 • www.berlinen-berg.com • Jeu.-sam. 19h-1h • Bière : 5 €.

VILLA NEUKÖLLN
Bar / concerts (66) Plan F4

À deux pas du métro, laissez la Hermannstrasse derrière vous, et rentrez dans ce cocon chaleureux pour une soirée en musique. Le bar à l'entrée laisse à peine deviner l'immense arrière-salle qui accueille des concerts de jazz, des cabarets ou des soirées swing - très en vogue à Berlin. Une adresse fréquentée par toutes les générations, des étudiants du quartier aux nostalgiques de la Belle Époque.

Hermannstrasse 233 • Ⓤ Boddinstrasse • ☎ 627 28 948 • www.villaneukoelln.de • T.l.j. lun.-ven. 16h-2h, sam. 14h30-4h, dim. 11h (brunch)-2h • Voir programme en ligne • Concerts : 7-15 €.

SAMEHEADS
Bar / concerts (67) Plan F5

Ce bar tenu par trois frères originaires d'Angleterre a une définition volontairement floue. Le look est chaotique, le public jeune et international, et la musique expérimentale. Laissez-vous tenter par la programmation de concerts proposés par des labels indépendants pour une soirée assurément décalée.

Klunkerkranich

Richardstrasse 10 • Ⓤ Karl-Marx-Strasse • ☎ 701 210 60 • www.sameheads.com • Mar.-sam. à partir de 18h jusqu'au petit matin • Concerts autour de 5 €.

KLUNKERKRANICH
Bar / concerts (68) Plan F4

Traversez l'allée principale du centre commercial Neukölln Arcaden et prenez à droite en direction de la Postbank. Montez en ascenseur jusqu'au P5. Accédez ensuite au dernier étage à pied par la rampe. Vous êtes arrivés sur le toit ! Une terrasse en bois pour profiter de la vue, une cantine pour se restaurer et un programme de concerts variés selon les soirs.

Karl-Marx-Strasse 66 • Ⓤ Rathaus Neukölln • www.klunkerkranich.org • Mer.-ven. et j.f. 16h-2h, sam.-dim. et vacances 12h-2h • Accès libre ou 3-10 € (concerts et Djs sets).

Théâtre et cinéma

Scènes subventionnées ou alternatives, programmations régulières, troupes rattachées ou non à un théâtre, le paysage théâtral berlinois est d'une richesse exceptionnelle. Si les chiffres divergent quant au nombre de théâtres, ils offrent, tous genres confondus, près d'une centaine de spectacles chaque soir. Concernant le cinéma allemand, malgré quelques beaux succès, il n'a pas permis à Berlin de retrouver son rang de capitale européenne du septième art.

DES THÉÂTRES DE RENOM

Depuis le début du XXe s., l'originalité et la richesse de la scène berlinoise résident dans sa capacité à innover et à inventer de nouvelles formes d'expression artistique. Accentuée par la rivalité Est-Ouest qui fit de chaque partie de Berlin la vitrine du système qu'elle représentait, cette vitalité perdure. Quatre grands théâtres occupent une place de choix dans le cœur des Berlinois et jouissent d'une réputation internationale : le **Deutsches Theater** (Schumannstrasse 13A • www.deutschestheater.de • ☎ 28 441 225 pour réserver), fondé en 1883 et dirigé de 1905 à 1933 par Max Reinhardt, qui y révolutionna la scénographie ; la **Volksbühne** (1915 - p. 148), où de 1924 à 1927 Erwin Piscator milita pour un théâtre prolétarien ; le **Berliner Ensemble,** fondé en 1949 par Bertolt Brecht et Hélène Weigel (Bertolt-Brecht-Platz 1 • www.berliner-ensemble.de ☎ 28 408 155 pour réserver) ; et la **Schaubühne** (le seul situé à l'Ouest - p. 152), créée en 1970 par Peter Stein.

La Berlinale

Créé en 1951 par les Alliés occidentaux, le Festival international de cinéma de Berlin est devenu l'un des plus grands festivals du monde. Il se tient en février et sa récompense suprême est **l'Ours d'or**. Complété en 1971 du **Forum international du jeune cinéma**, il décerne depuis 1988 le **Teddy Award**, qui récompense un film abordant l'homosexualité. Depuis 1998, la Berlinale se déroule dans les salles de la **Potsdamer Platz**. Voir p. 20.

LA SCÈNE OFF

Berlin est sans doute la capitale européenne où la **culture alternative** est la plus importante et la plus dynamique. Née à l'Ouest dans la foulée du mouvement contestataire des années 1970, elle se caractérise par la recherche de nouvelles formes artistiques et se distingue de la scène officielle par son mode de financement (subventions inexistantes ou irrégulières) et par son fonctionnement (mobilité et programmation souvent discontinue). Depuis la réunification, la scène off s'est déplacée vers l'est, notamment à **Mitte et Prenzlauer Berg,** où se trouvent (de moins en moins, il est vrai) espaces vacants et loyers abordables. Si certains théâtres sont devenus des institutions, la majorité survit au jour le jour, à l'image de **Kulturbrauerei** (p. 99) ou de **Dock 11** (p. 101).

Marlene Dietrich

LA CAPITALE DU CINÉMA

Née en 1917 de l'unification des compagnies cinématographiques allemandes, l'UFA devient dans les années 1920 la première société de production de films d'Europe, rivalisant avec les studios hollywoodiens. Au même moment, dans ses studios de Babelsberg, sont tournés les chefs-d'œuvre du cinéma expressionniste allemand signés **Murnau** *(Nosferatu le vampire, Faust)*, **Pabst** *(La Rue sans joie)*, **Fritz Lang** *(Le Docteur Mabuse, Metropolis)* ou **Josef von Sternberg** *(L'Ange bleu)*. Berlin compte alors quelque 300 salles de cinéma. Cet âge d'or est stoppé net par l'arrivée au pouvoir des nazis et par le départ à Hollywood de nombreux artistes et réalisateurs.

UN NOUVEL ESSOR ?

Repris après-guerre par la RDA, les **studios de Babelsberg,** à Potsdam, sont rachetés et modernisés en 1992 par Vivendi Universal (visite du parc à thème aménagé près des studios : rens. lun.-ven. 8h30-14h30 au ☎ 0331 721 27 50, www.filmpark-babelsberg.de pour les horaires d'ouverture, entrée : 22 € et audioguide : 4h). C'est là que furent tournés *Stalingrad* de J.-J. Annaud et *Le Pianiste* de R. Polanski. Aujourd'hui les studios accueillent des tournages de séries télé ainsi qu'une école de cinéma. Leurs tarifs compétitifs séduisent de plus en plus de réalisateurs étrangers, Quentin Tarantino (*Inglourious Basterds*) en tête. Alors que les années 1970 et 1980 furent marquées par des réalisateurs tels **Herzog, Fassbinder, Schlöndorff ou Wenders,** la nouvelle génération peine un peu à s'imposer à l'international. Notons néanmoins trois gros succès du XXIe s., ayant de plus pour cadre la capitale allemande : *La Vie des autres* (F. Henckel von Donnersmarck), *Good Bye, Lenin !* (W. Becker) et *Oh Boy* (J. Ole Gerster).

Boutiques

PAR QUARTIER

Les coups de cœur DE NOTRE AUTEUR

2019

Berlin n'est pas nécessairement la capitale du luxe, mais certainement celle du vintage. Si les marchés aux puces ouverts toute l'année tiennent toujours un rôle important, de nouvelles boutiques aux concepts créatifs fleurissent régulièrement. Voici les préférées de notre auteur.

BÜCHERBOGEN AM SAVIGNYPLATZ

Sous les arches, une librairie très attachante où l'on passerait des heures. Voir p. 180.

SCHEE

Des objets pimpants et joliment agencés qui donnent envie... de tout acheter ! Voir p. 174.

PAPER & TEA

Parce qu'ils ont des thés de rêve. Leur devise ? « Life is short, drink good tea. » Voir p. 176.

Liv

Manufactum

MANUFACTUM

Un concentré d'articles d'antan mais tout neufs. On y déambule presque comme au musée. Voir p. 181.

FLOHMARKT AM BOXHAGENER PLATZ

Un sympathique marché aux puces au cœur d'un square jalonné de cafés. Voir p. 193.

LIV

Leur spécialité : la vaisselle en émail. Une mine d'or pour des cadeaux utiles. Voir p. 197.

À SAVOIR

HORAIRES D'OUVERTURE

Ils sont **assez variables en fonction du quartier et du type de boutique.** Dans de nombreuses enseignes, les horaires d'ouverture sont comparables à ceux pratiqués en France : du lundi au samedi de 10h à 19h. Mais reportez-vous aux informations pratiques du guide, car l'exception fait presque figure de règle. Certains choisiront des horaires élargis le week-end alors que d'autres ne seront ouverts que quelques heures le samedi. **Privilégiez le shopping l'après-midi** car il n'est pas rare de voir des boutiques n'ouvrir qu'à midi, voire à 14h. À l'exception des quatre week-ends précédant Noël, la majorité des magasins sont fermés le dimanche (profitez-en pour chiner sur les marchés aux puces).

OÙ FAIRE SON SHOPPING ?

Petite topographie des ambiances shopping de Berlin : **Charlottenburg** joue la carte de l'élégance, et le **Kurfürstendamm** propose des boutiques de luxe, mais aussi des enseignes internationales introuvables en France. Pour un shopping plus pointu, direction **Mitte autour des Hackesche Höfe** ou **Friedrichstrasse,** plus impersonnelle. Envie d'une ambiance plus alternative ? Flânez dans **Prenzlauer Berg, Schöneberg** ou **Kreuzberg.**

GALERIES COMMERCIALES ET ARCADES

Comme les autres capitales, Berlin n'est pas épargné par les galeries et les centres commerciaux, mais elles sont souvent prétexte à une architecture audacieuse : **Galeries Lafayette** (p. 34), **Dussmann** (Friedrichstrasse 90 – G7, www.kulturkaufhaus.de), **Potsdamer Platz Arkaden** (Alte Potsdamer Strasse 7 – D3, www.potsdamerplatz.de/potsdamer-platz-arkaden) ou encore **KaDeWe** (p. 185).

SE REPÉRER

Chaque adresse de boutique est associée à une pastille rouge numérotée. Vous retrouverez toutes les adresses positionnées sur le plan détachable.

Boutiques
PAR QUARTIER

Le long de la Friedrichstrasse (Quartier 2 - p. 32)

RAUSCH
Chocolatier ① Plan G8

Avertissement pour les gourmands : il s'agit tout simplement du plus grand magasin de chocolat du pays ! Les vitrines sont ornées d'œuvres en chocolat représentant le Reichstag, la porte de Brandebourg ou le *Titanic*. À l'intérieur, en plus des truffes (12 € la boîte de 12), vous trouverez des biscuits, des fruits confits et des pâtes de fruits ou d'amandes tout aussi délicieux. Pour déguster sur place, rendez-vous au café du 1er étage.

Charlottenstrasse 60 • Ⓤ Stadtmitte • ☎ 75 78 80 • www.rausch.de • Lun.-sam. 10h-20h, dim. 11h-20h.

FRAU TONIS PARFUM
Parfumerie ② Plan D3

Inspirée par sa grand-mère, une jeune parfumeuse a décidé de mettre Berlin en bouteilles. Dans la boutique épurée, des flacons de verre épais contiennent les liquides précieux. Parmi eux, le *Linde Berlin*, qui se réfère aux tilleuls jalonnant les boulevards de la ville, ou encore le *Berlin Summer* (ode aux étés de la capitale) et l'*Eau de Berlin* (disponibles en coffret 3 x 15 ml, 58 €). *Violet* est quant à lui une réinterprétation du parfum favori de Marlene Dietrich (60 € pour 50 ml).

Zimmerstrasse 13 • Ⓤ Kochstrasse • ☎ 20 21 53 10 • www.frau-tonis-parfum.com • Lun.-sam. 10h-18h.

L'île des Musées (Quartier 3 - p. 38)

ANTIK-UND-BUCHMARKT AM BODEMUSEUM
Marché ③ Plan G7

Au bord de la Spree, le long de l'île des Musées, la berge se couvre tous les week-ends d'un marché aux puces. On y trouve essentiellement des livres et des disques, mais quelques étals proposent çà et là des vêtements ou des objets d'occasion. Attention toutefois, plus on se rapproche d'Unter den Linden, plus les puces se transforment en marché purement touristique.

Am Kupfergraben, Georgenstrasse, Geschwister-Scholl-Strasse • Ⓢ Hackescher Markt • www.antik-buchmarkt.de • Sam.-dim. et j.f. 11h-17h.

Autour de l'Auguststrasse (Quartier 4 - p. 44)

NEUROTITAN
Galerie/librairie ④ Plan H7

Cette boutique consacrée à l'art urbain est dissimulée au bout d'une impasse qui exhibe fièrement les traces du passage d'El Bocho, de Tona et d'autres graffeurs de renom. Magazines, livres de référence, œuvres originales et produits dérivés sont réunis pour satisfaire les amateurs de street art. Plus qu'une boutique, Neurotitan est une véritable galerie, un lieu militant qui soutient les artistes dans une ville où les tags n'ont plus trop la cote.

Rosenthaler Strasse 39 • Ⓢ Hackescher Markt • ☎ 30 87 25 76 • www.neurotitan.de • Lun.-sam. 12h-20h.

DO YOU READ ME?!
Librairie ⑤ Plan H6

Vous trouverez ici du sol au plafond une gamme extrêmement complète de magazines tous aussi créatifs les uns que les autres, publiés en anglais et en allemand dans de nombreux pays. Un bel échantillon du bouillon de culture berlinois, anticonformiste et éclectique, surtout des livres de photos et d'œuvres d'art !

Auguststrasse 28 • Ⓤ Rosenthaler Platz ou Weinmeister Strasse • ☎ 69 54 96 95 • www.doyoureadme.de • Lun.-sam. 10h-19h30.

Do you read me?!

SCHEE
Décoration ⑥ Plan H6

Miroirs, carnets, lampes, bougeoirs... le panel d'objets proposé change souvent dans cette boutique de décoration, avec toujours une jolie palette de couleurs et de matières. Les murs sont recouverts de dessins d'artistes poétiques ou excentriques à acheter en édition limitée entre 30 et 40 €.

Rosenthaler Strasse 15 • Ⓤ Weinmeister Strasse • ☎ 52 64 69 87 • www.schee.net • Lun.-ven. 11h-20h, sam. 10h-20h.

MONIA HERBST
Sacs ⑦ Plan G6

Une boutique de sacs, portefeuilles et autres accessoires, conçus par une véritable artiste du cuir, la Berlinoise Monia Herbst, qui conjugue savoir-faire artisanal et techniques modernes. Les modèles, élégants, sont rehaussés de détails raffinés ; le cuir, très sensuel, donne l'impression d'avoir

été chiffonné ; les tirages sont limités (sacs de 39 à 300 €).

Auguststrasse 86 • U Weinmeisterstrasse ou S Oranienburger Strasse • ☎ 53 79 46 23 • www.moniaherbst.de • Mar.-sam. 12h-18h.

TRIPPEN
Chaussures ⑧ Plan H7

Si vous aimez l'imagination en matière de chaussures, vous serez forcément séduit par les créations écologiques et anatomiques d'Angela Spieth et de Michael Oehler (de 100 à 500 €). En cuir, en toile ou en daim, orné d'une fermeture Éclair ou d'une boucle, plat ou doté de talons bizarres, chaque modèle possède son nom et son originalité propres.

Rosenthaler Strasse 40-41 Hof IV et VI • S Hackescher Markt • ☎ 28 39 13 37 • www.trippen.com • Lun.-sam. 11h-19h30.

O.K. - VERSAND
Maison ⑨ Plan H6

C'est fou ce que l'on peut trouver ici, de la guirlande en plastique mexicaine (6-9 €) à la vaisselle en émail (assiette à partir de 7 €). C'est l'endroit rêvé pour agrémenter cuisines, bureaux, chambres d'enfant et salles de bains. Tous ces objets sont le plus souvent fabriqués sur d'autres continents et vendus à des prix généralement très abordables.

Alte Schönhauser Strasse 36-37 • U Weinmeisterstrasse • ☎ 24 63 87 46 • www.okversand.com • Lun.-sam. 12h-20h.

ANKE RUNGE BERLIN
Sacs ⑩ Plan G6

Pour Anke Runge, un sac doit souligner la personnalité. D'une rare élégance et d'une qualité

Notre top adresses
DESIGN ET DÉCO

On n'y pense pas toujours, mais Berlin excelle dans le domaine du design. Pas seulement celui du Bauhaus : les objets du temps de la RDA font un tabac auprès des collectionneurs. L'esthétique scandinave aussi. Voici les spots les plus craquants.

VEB ORANGE

Une immersion au cœur des années 1960 et 1970, haute en couleur ! Voir p. 196.

O.K. - VERSAND

Des objets décoratifs et pratiques directement venus d'Inde ou d'Afrique pour épicer votre intérieur. Voir p. 175.

WERKHAUS

Pour faire le plein d'accessoires ingénieux et d'idées cadeaux éco-responsables et *made in Germany*. Voir p. 189.

STILWERK

Plus de 50 designers de renom présentent ici leurs créations. Avis aux amateurs ! Voir p. 182.

SCHÖNHAUSER DESIGN

Des pièces de designers aux petits objets utiles ou décoratifs, tout est sélectionné avec goût. Voir p. 178.

TRÖDELMARKT AM ARKONAPLATZ

Une brocante décontractée où l'on glane parfois quelques (bons) souvenirs de l'ex-RDA. Voir p. 194.

irréprochable, ses sacs à main et à dos sont des créations originales qui séduisent par leur forme (ronds, carrés, en triangle…) et leurs couleurs franches (de 150 à 600 €).

Tucholskystrasse 31 • Ⓢ Oranienburger Strasse • ☎ 282 11 52 • www.ankerunge-taschen.de • Lun.-ven. 10h-19h, sam. 11h-19h.

PAPER & TEA
Papeterie et thés ⑪ Plan H6

On apprécie le calme et la luminosité de cette boutique de thés et de cartes postales. Des nouveautés chaque saison et des recettes parfois étonnantes, comme la vodka au thé vert matcha. Un souvenir original *made in Berlin* : la tisane Unter den Linden (à partir de 11 €) ! Une seconde adresse se trouve à Charlottenburg (Bleibtreustrasse 4, lun.-sam. 11h-19h – plan B3).

Alte Schönhauser Strasse 50 • Ⓤ Weinmeister Strasse • ☎ 555 798 072 • www.paperandtea.com • Lun.-sam. 11h30-19h30.

DRYKORN
Mode homme ⑫ Plan H6

À l'évidence, le label que Marco Götz a lancé en 1996 a du succès ! Bien sûr, c'est un brin snob (le nom exact est Drykorn for Beautiful People), et les prix tirent sensiblement vers le haut, mais les modèles sont craquants : des matières légères, des coupes fluides, des teintes douces, une ligne urbaine décontractée (jeans : 100-200 €). Incontournable pour ceux qui aiment être branchés sans craindre d'être chics. Il existe une boutique femme au n° 6.

Neue Schönhauser Strasse 14 • Ⓤ Weinmeisterstrasse & Ⓢ Hackescher Markt • ☎ 28 04 56 66 • www.drykorn.com • Lun.-ven. 12h-20h, sam. 11h-19h.

BONBONMACHEREI
Confiserie ⑬ Plan H6-7

Comme leur nom l'indique, les bonbons sont merveilleusement bons. Ceux de Bonbonmacherei ont l'avantage d'être également très colorés, pas trop sucrés, et parfumés comme vous n'avez pas idée. Vous pourrez en acheter en vrac (3,90 € les 200 g) ou en sachet, mais aussi vous constituer votre propre mélange en fonction des couleurs et des arômes (poire,

Paper & Tea

pêche, figue...). De plus, vous pourrez assister à leur fabrication.
Oranienburger Strasse 32 Heckmann-Höfe • S Oranienburger Strasse • ☎ 44 05 52 43 • www.bonbonmacherei.de • Mer.-sam. 12h-19h (f. 1 sem. à Noël et juil.-août).

SCHÖNHAUSER DESIGN
Décoration ⑭ Plan H6

Chaises, tables et lampes signées du designer danois Verner Panton... le design rétro est ici à l'honneur avec de nombreuses marques scandinaves. Aux côtés des grands noms du design, vous trouverez un vaste choix de luminaires et d'accessoires sympas, comme des planches à découper (16-60 €).
Alte Schönhauser Strasse 28 • U Weinmeisterstrasse • ☎ 281 17 04 • www.schoenhauser-design.de • Lun.-sam. 11h-20h.

GROBER UNFUG
Librairie/BD ⑮ Plan H6

Bon, les bandes dessinées allemandes (à partir de 3 €) sont en allemand, en anglais ou en japonais (parfois en français)... mais les amateurs de graphisme sauront certainement surmonter un tel handicap. Et puis on trouve ici des BD du monde entier, dont certaines d'une extrême rareté. Les fous de mangas se réjouiront ainsi de trouver des éditions japonaises. Pour les collectionneurs ou les amateurs d'originalité, ils vendent aussi des figurines.
Torstrasse 75 • U Rosa-Luxemburg-Platz • ☎ 281 73 31 • www.groberunfug.de • Lun.-ven. 11h-19h, sam. 11h-18h.

OBJETS TROUVÉS
Maison ⑯ Plan E1

Vous cherchez une idée déco originale pour votre intérieur ? Voici, au cœur de Prenzlauer Berg, un élégant showroom qui se consacre essentiellement au design industriel – meubles de rangement en métal chinés en Allemagne, grandes tables en bois massif de style atelier et luminaires de récupération ou détournés... De quoi donner un petit côté loft à votre studio ou une touche faussement urbaine à votre maison de campagne...
Brunnenstrasse 169 • U Rosenthaler Platz • ☎ 151 725 043 83 • www.objets-trouves-berlin.de • Mar., ven., sam. 12h-18h et sur rv.

YOUR LOCAL DEALER
Concept store ⑰ Plan G6

Élève de Vivienne Westwood à l'académie des arts de Berlin, la créatrice a travaillé dans des usines de jeans du monde entier avant de s'installer ici. La plupart des créations proposées aujourd'hui sont sérigraphiées et produites en édition limitée sur place. Les tee-shirts, sacs et autres foulards sont vendus juste en dessous de l'atelier ! Couleurs fluorescentes pour des vêtements entre 100 et 200 €.
Tucholskystrasse 26 • S Oranienburger Strasse • ☎ 886 20 080 • www.yourlocaldealer.de • Lun.-sam. 12h-19h.

Autour de l'Alexanderplatz (Quartier 5 - p. 52)

HUMANA
Vintage ⑱ Plan I7

Avec ses 1 300 m² et ses 25 000 pièces, cette boutique de seconde main a des allures d'hypermarché de la fripe (1-20 €). Gérée par une association caritative, l'enseigne se distingue en ne proposant que des produits dans un état impeccable et à prix très bas (y compris le vintage griffé). Autre atout des plus appréciables : tout est trié par époque, type et couleur ! D'autres adresses réparties à travers la ville (liste sur le site).

Alexanderstrasse 7
• U Schilling-strasse • ☎ 28 47 63 82
• www.humana-second-hand.de
• Lun.-sam. 10h-20h.

FREITAG
Sacs ⑲ Plan H6

La célèbre marque qui recycle bâches de camion, chambres à air de vélo et ceintures de sécurité pour en faire des sacs uniques n'est pas allemande mais suisse. Belle adresse berlinoise pour la singularité de sa mise en scène. Imaginez un mur de sacs sur 6 m et deux étages qui contiennent 1 600 pièces parfaitement ordonnées et, au sol, un trottoir, vestige d'une rue qui traversait une ancienne usine.

Max-Beer-Strasse 3
• U Weinmeisterstrasse
• ☎ 24 63 69 61 • www.freitag.ch
• Lun.-ven. 11h-20h, sam. 11h-19h
• Sacs 78-600 €.

Kulturforum et Potsdamer platz (Quartier 6 – p. 56)

FALKE
Chaussettes ⑳ Plan D3

Il y a, au beau milieu des montagnes du Sauerland, dans la petite ville de Schmallenberg, une entreprise textile qui confectionne (entre autres) des chaussettes : Falke. Toutes sortes de chaussettes : chics, décontractées, antidérapantes, rayées, unies, de sport... Comme le magasin du Mall of Berlin est le plus beau de tous ses points de vente, poussez la porte de Falke : cela vaut vraiment le coup d'œil, et les jolies paires de Sensitiv en coton ne coûtent, au fond, que 12 €.

Leipziger Platz 12-13 (au rez-de-chaussée du Mall of Berlin) • Ⓤ Postdamerplatz • ☎ 20 64 79 95 • www.falke.com • Lun.-sam. 10h-21h.

Tiergarten, le poumon vert (Quartier 7 – p. 64)

FLOHMARKT AM TIERGARTEN
Marché aux puces ㉑ Plan C2

Certes, le marché aux puces le plus célèbre de la ville est aussi le plus touristique et le plus cher. Logique, il est installé dans le Tiergarten, et on y trouve de tout : argenterie, porcelaines, vêtements, livres, tableaux, disques et gadgets les plus divers. En fouillant bien, vous dénicherez peut-être quelques cartes postales, gravures et livres anciens, souvenirs d'un Berlin disparu.

Strasse des 17. Juni • Ⓢ Tiergarten • www.berlinertroedelmarkt.com • ☎ 26 55 00 96 • Sam.-dim. 10h-17h.

Charlottenburg, le long du Kurfürstendamm (Quartier 9 – p. 74)

BIKINI BERLIN
Centre commercial ㉒ Plan C3

Ce centre commercial de 17 000 m² ouvert en 2014 se définit comme le premier « concept mall » du pays. Fleuron de l'architecture ouest-allemande des années 1950, il a été réhabilité et accueille magasins classiques et boutiques éphémères. Son atout : la vue sur le zoo.

Budapester Strasse 38-50 • Ⓤ & Ⓢ Zoologischer Garten ou Ⓤ Kurfürstendamm • ☎ 55 49 64 54 • www.bikiniberlin.de • Lun.-sam. 9h-20h30.

BÜCHERBOGEN AM SAVIGNYPLATZ
Librairie ㉓ Plan B3

Cette très grande librairie, fondée en 1980 sous les arcades du S-Bahn traversant la ville d'est en ouest, est spécialisée en architecture, art, photographie et design. Flânez entre les rayons, et vous ressortirez peut-être avec un ouvrage sur l'histoire de Berlin ou sur une prochaine destination de voyage.

Stadtbahnbogen 593
• Ⓢ Savignyplatz • ☎ 31 86 95 11
• www.buecherbogen-shop.de
• Lun.-ven. 10h-20h, sam. 10h-19h.

BERLINER KAFFEERÖSTEREI
Café ㉔ Plan B3

Le café (7,50 € les 250 g) est leur spécialité, mais vous y trouverez aussi une alléchante sélection de thé, biscuits et confiseries. Si vous avez déjà l'eau à la bouche, passez la porte vitrée et choisissez une pâtisserie à manger sur place dans le café jouxtant la boutique.

Uhlandstrasse 173/174
• Ⓤ Uhlandstrasse • ☎ 88 67 79 20
• www.berliner-kaffeeroesterei.de
• Lun.-sam. 9h-20h, dim. et jours fériés 10h-19h.

MANUFACTUM
Grand magasin ㉕ Plan B3

Ce grand magasin fondé en Allemagne en 1988 rassemble des objets neufs aux allures d'antan. Du linge de maison à la vaisselle en passant par les outils de jardin, tout est fait ici pour durer une vie. Les prix s'en ressentent, mais les nostalgiques ne seront pas déçus par la visite. Les objets, réalisés

Manufactum

par des designers internationaux, vous téléporteront assurément dans la maison de vos aïeux.

Hardenbergstrasse 4-5 • U Ernst-Reuter-Platz • ☎ 24 03 38 44
• www.manufactum.com
• Lun.-ven. 10h-20h, sam. 10h-18h.

CHAPEAUX
Chapelier — 26 Plan B3

Vous êtes à l'affût d'un couvre-chef ? Poussez la porte d'Andrea Curti ! C'est une modiste inventive, qui a fait ses classes auprès du dernier maître chapelier de Berlin (Günther Baumbach) et dont la boutique est pleine de bibis joliment décorés et de bérets décontractés, pour hommes et femmes (de 300 à 500 € tout de même !). En plus, elle a le compas dans l'œil : elle saura tout de suite vous dire celui qui sied le mieux à votre visage.

Bleibtreustrasse 51
• S Savignyplatz • ☎ 312 09 13
• www.chapeaux-hutmode-berlin.de
• Lun.-ven. 12h-19h, sam. 10h-16h.

GLASKLAR
Décoration — 27 Plan B3

Quel que soit le style de verres ou de vases (8-80 €) que vous cherchiez, vous trouverez forcément ici votre bonheur. Vous découvrirez une quantité de formes et de couleurs à perdre la tête. Comme ils s'achètent à l'unité, à des prix très variables (de 0,80 € à 300 €), un caprice ne vous causera aucun remords.

Knesebeckstrasse 13-14
• S Savignyplatz • ☎ 313 10 37
• www.glasklarberlin.com
• Lun.-ven. 11h-18h30, sam. 11h-16h.

LINDNER
Traiteur — 28 Plan B3

Ce traiteur berlinois réputé, qui a fêté ses 60 ans, possède de nombreux magasins à Berlin. Celui-ci est sans aucun doute le plus agréable pour goûter aux charcuteries, salées ou non, spécialités de la maison. Vous y trouverez aussi des salades toutes prêtes, des pains savoureux et de très bons vins. Qualité et fraîcheur garanties.

Knesebeckstrasse 92
• U Ernst-Reuter-Platz
• ☎ 31 35 375
• www.lindner-esskultur.de
• Lun.-ven. 8h-18h, sam. 8h-13h30
• Pâtisseries de 1,50 à 2,50 €.

STILWERK
Design — 29 Plan B3

Une « galerie commerciale » incontournable pour les amateurs de design. Dans un bâtiment de verre ultramoderne, près de 50 boutiques sont consacrées à la décoration d'intérieur et au mobilier contemporain. Sur quatre niveaux, de nombreux designers allemands et étrangers présentent leurs dernières créations.

Kantstrasse 17
• U & S Zoologischer Garten
• ☎ 31 51 50 • www.stilwerk.de
• Lun.-sam. 10h-19h, dim. 13h-18h

Notre top
DES MARCHÉS

Avec 250 *Märkte* (marchés), les Berlinois ont de quoi remplir leur cabas! Et il y en a pour tous les goûts, du mini-déballage de quartier au grand bazar oriental, sans oublier les pros du 100 % bio. Sages ou déjantés, voici nos petits préférés.

WINTERFELDMARKT

À Schöneberg, plus de 200 étals qui fleurent bon les produits locaux et de saison. À tester le samedi ! Voir p. 186.

TÜRKENMARKT AM MAYBACHUFER

Un simple tour au marché de Neukölln et vous voilà transporté sur les rives du Bosphore. Voir p. 190.

ÖKOMARKT KOLLWITZPLATZ

Un marché bio qui se tient le jeudi après-midi, au cœur de Prenzlauer Berg, avec 50 petits producteurs de la région. Voir p. 194.

TRÖDELMARKT AM ARKONAPLATZ

Un marché aux puces plus petit que les autres, mais 100 % vintage. Voir p. 194.

MAUERPARK

Un vide-grenier, fréquenté par les touristes, où l'on flâne encore avec plaisir. Voir p. 100.

RAW-GELÄNDE

Le dimanche, direction la friche industrielle du RAW pour ses puces multi-kulti. Une vraie caverne d'Ali Baba. Voir p. 92.

Trödelmarkt am Arkonaplatz

Boutique Lego

ANAMEL
Mode ㉚ Plan B3

Cet élégant magasin d'angle aux tons chauds et aux grandes baies vitrées sert d'écrin aux collections réunies avec goût par Leman Aydin : Nelly, Absolut by Zebra, etc. Leur point commun ? Elles ont beaucoup de style. Ne les ratez pas !

Bleibtreustrasse 49 • Ⓢ Savignyplatz • ☎ 83 03 87 08 • Lun.-mer. 11h-19h, jeu.-ven. 11h-20h, sam. 11h-18h • Tee-shirt : 100-1000 €.

BOUTIQUE LEGO
Jouets ㉛ Plan C3

Dans ce temple de la construction ludique, vous trouverez toutes les collections à assembler et tous les produits de la marque (vêtements, montres, jeux de société...), mais le plus amusant est sûrement la possibilité d'acheter les briquettes colorées « en vrac » (9,99 € le petit pot) et d'assembler soi-même des figurines amusantes (6,99 € les trois). Surveillez le calendrier, le 1er jeudi du mois, les enfants peuvent venir construire un mini-modèle gratuitement.

Tauentzienstrasse 20 • Ⓤ Wittenbergplatz • ☎ 21 01 62 22 • http://stores.lego.com • Lun.-jeu. et sam. 10h-20h, ven. 10h-21h.

KÜCHENLADEN
Maison ㉜ Plan B3

Non, on ne part pas en week-end pour revenir avec une batterie de cuisine. Cela dit, les passionnés qui veulent mitonner de bons petits plats sauront trouver ici tout le matériel indispensable, souvent moins encombrant qu'il n'y paraît (6,95 € la grande carafe italienne).

Knesebeckstrasse 26 • Ⓢ Savignyplatz • ☎ 88 13 908 • www.kuechenladen.com • Lun.-ven. 10h-19h, sam. 10h-18h.

SØR
Mode homme ㉝ Plan B3

Las des vêtements trop ternes ? N'hésitez pas à découvrir ce magasin où la couleur est à l'honneur. Unies ou imprimées, à rayures ou à carreaux, les chemises de facture classique doivent avant tout leur cachet à leurs couleurs franches et gaies. De grandes marques tels Windsor ou Van Laack complètent la collection maison. Du caleçon à l'épingle de cravate, vous y trouverez aussi un vaste choix d'accessoires. Polos à partir de 89 €.

Bleibtreustrasse 33 • Ⓢ Savignyplatz • ☎ 882 48 07 • www.soer.de • Lun.-sam. 10h-19h.

LOOK 54
Mode ㉞ Plan B3

Fondée en 2003 par Timo Röpke (alias DJ Ultimo), cette marque un peu en marge de celles des autres créateurs berlinois propose des tee-shirts (à partir de 39,90 €), polos et autres sweat-shirts estampillés Berlin. Qu'il s'agisse des collections « Ku'damm Cowboys and Cowgirls » ou « Strass Crystal », toute la gamme est fabriquée à Berlin même et vendue uniquement dans cette boutique. C'est une mode jeune destinée tant aux sorties en club qu'à la vie quotidienne.

Kurfürstendamm 215 • Ⓤ Uhlandstrasse • ☎ 34 74 01 60 • www.look54.de • Lun.-sam. 10h-20h, dim. 11h-19h.

KAUFHAUS DES WESTENS (KADEWE)
Grand magasin ㉟ Plan C3

S'il existe une seule bonne raison de découvrir ce grand magasin légendaire, vitrine de Berlin-Ouest au temps de la partition, c'est bien pour son rayon gastronomie. Un « rayon » qui occupe à lui seul les 7 000 m² du 6ᵉ étage du magasin. Avec près de 1 300 fromages et presque autant de charcuteries (*Tafelspitz* 19,98 €/kg), le moins que l'on puisse dire, c'est que

Kaufhaus des Westens (KaDeWe)

l'endroit est impressionnant. On y trouve absolument tout et, en plus, on peut déguster sur place.
Tauentzienstrasse 21-24 • Ⓤ Wittenbergplatz • ☎ 21 210 • www.kadewe.de • Lun.-jeu. 10h-20h, ven. 10h-21h, sam. 9h30-20h.

Schöneberg (Quartier 10 - p. 78)

MR DEAD AND MRS FREE
Musique ㊱ Plan C3

C'est peu de dire que l'adresse est conseillée par les meilleurs DJ de la ville. Même à l'étranger, elle passe pour une référence incontournable. La boutique est plutôt petite, mais on y trouve beaucoup de choses, notamment de nombreux labels indépendants (vinyles : 20-25 €). C'est aussi un bon endroit pour savoir ce qui se passe en ville.
Bülowstrasse 5 • Ⓤ Nollendorfplatz • ☎ 215 14 49 • www.deadandfree.com • Lun.-ven. 12h-19h, sam. 11h-16h.

ANDREAS MURKUDIS
Mode ㊲ Plan D3

Dirigée par Andreas, frère du styliste Kostas Murkudis, cette boutique séduit par son décor moderne et artistique, l'un des plus décalés de Berlin. C'est l'endroit idéal pour découvrir les grands noms de la mode berlinoise et européenne (Martin Margiela, Dries Van Noten...).
Potsdamer Strasse 81E • Ⓤ Kurfürstenstrasse • ☎ 68 07 98 306 • www.andreasmurkudis.com • Lun.-sam. 10h-20h.

WINTERFELDMARKT
Marché ㊳ Plan C3

Ce marché chic de Berlin est idéal pour se fournir en produits frais et artisanaux ou pour déjeuner. Le samedi matin, les habitants du quartier s'y pressent à la recherche de fromages français, de charcuterie italienne ou d'asperges berlinoises et de *Spreewalder Gurken*, d'impressionnants cornichons assaisonnés. L'idéal est de s'y rendre en milieu de matinée, puis de profiter des cafés et des boutiques du quartier.
Winterfeldplatz • Ⓤ Nollendorfplatz • Mer. 8h-14h, sam. 8h-16h.

Kreuzberg, le long du Mehringdamm (Quartier 11 - p. 82)

RADIO ART
Musique ㊴ Plan E4

Votre lecteur MP3 dernier cri n'a pas effacé le souvenir ému du mange-disques de votre enfance ? Venez donc faire un petit tour dans l'étrange boutique de Horst Dieter Schmahl, au cœur de Kreuzberg. Radios, téléviseurs

Nos boutiques GOURMANDES

Pour retrouver chez soi le croquant d'un cornichon du Spreewald ou la saveur si particulière de la sauce moutarde, inutile de faire le tour de tous les marchés : les meilleures épiceries fines regorgent de spécialités de la région, de la bouteille de gin Brandstifter au boudin noir de Rixdorf. Les chocolateries et confiseries historiques feront quant à elles le bonheur des palais sucrés. Voici quelques valeurs sûres.

RAUSCH

Le paradis du chocolat. On vous aura prévenu ! Voir p. 173.

LINDNER

Rendu célèbre par son beurre et son pain, ce traiteur fait des merveilles en matière de charcuterie. Voir p. 182.

BERLINER KAFFEERÖSTEREI

Thé, café et sucreries, à déguster sur place ou à emporter. Voir p. 181.

ÖKOMARKT AM KOLLWITZPLATZ

Un petit marché 100% bio pour rapporter des produits alimentaires issus de la région. Voir p. 194.

KADEWE

Au 6e étage de ce grand magasin, on n'a que l'embarras du choix : c'est LE temple de la gastronomie ! Voir p. 185.

BONBONMACHEREI

Des sachets de bonbons particulièrement beaux et bons à composer selon votre goût. Voir p. 177.

KaDeWe

et tourne-disques de toutes les époques ont été méticuleusement restaurés, et on peut découvrir ici de véritables pièces de musée... Avis aux amateurs !
Zossener Strasse 2 • U Gneisenaustrasse • ☎ 693 94 35 • www.radio-art.de • Jeu.-ven. 12h-18h, sam. 10h-13h.

BAGAGE
Sacs (40) Plan D4

Sacoches à vélo, besaces en pneu ou en bâche recyclés, vous trouverez toutes sortes de sacs dans cette boutique spécialisée. Si vous êtes à l'affût d'un accessoire en particulier, venez fouiller par ici et découvrir les sacs de sport de plein air ultra-résistants de l'entreprise allemande Vaude ou ceux urbains et modernes de la marque canadienne Herschel.
Bergmannstrasse 13 • U Mehringdamm • ☎ 693 89 16 • www.bag-age.de • Lun.-sam. 11h-19h.

SPACE HALL
Musique (41) Plan E4

Ce grand magasin propose un vaste choix de vinyles (entre 9 et 200 €) et de CD. Indie, house, techno, punk, gothique, hardcore ou pop, vous trouverez ici tout ce qui se fait de mieux en termes de rythmes saccadés et colorés. Il faut prendre le temps d'explorer les immenses bacs, qui regorgent de trésors.
Zossener Strasse 33-35 • U Gneisenaustrasse • ☎ 694 76 64 • www.spacehall.de • Lun.-sam. 11h-20h (jeu.-ven. 22h).

KNOFI
Épicerie (42) Plan D4

Si les spécialités berlinoises ne vous tentent pas, reste ce magasin de produits méditerranéens, tendance italo-turque (antipasti : 3,30-8,90 €). Quelques tables à l'intérieur et une petite terrasse, une jolie décoration de paniers suspendus, de tresses d'ail et de tomates séchées, et des étagères bien remplies où vous attendent sagement pâtes, fromages, vins et huiles d'olive.
Bergmannstrasse 98 • U Gneisenaustrasse • ☎ 69 45 807 • www.knofi.de • T.l.j. 9h-minuit.

Kreuzberg, autour de l'Oranienstrasse (Quartier 12 - p. 86)

WERKHAUS
Maison ㊸ Plan E3

Les meubles et petits objets de la marque ont tous une particularité : les différents éléments sont maintenus par un ingénieux système d'emboîtement. Ni clou ni colle pour ces tabourets (24,90 €) et éléments de rangement (pot à crayons en forme d'ancienne VW 14,90 €). Inscrite dans une vaste démarche écologique, la marque est attentive à la réduction des déchets, à l'impact écologique de sa production ainsi qu'à la provenance des matériaux.

Prinzenstrasse 85D • U Moritzplatz • ☎ 61 50 73 77 • www.werkhaus.de • Lun.-ven. 11h-20h, sam. 10h-18h.

SCHUHTANTEN
Chaussures ㊹ Plan E3

Poussez donc la grille du jardinet et découvrez ce petit magasin où vous trouverez de jolies chaussures à la mode (70-250 €). Avec des modèles espagnols, italiens et portugais, c'est l'Europe de la chaussure.

Paul-Lincke-Ufer 44 • U Kottbusser Tor • ☎ 61 62 97 56 • www.schuhtanten.de • Lun.-ven. 11h-19h, sam. 11h-18h.

O-TON KERAMIK
Décoration ㊺ Plan E3

Derrière une ravissante façade carrelée aux tons bleus et verts, Claudia Schöpping présente ses céramiques fines. Théières

Werkhaus

(entre 60-80 €), bols, assiettes ou bougeoirs attendent sagement que vous veniez faire votre choix. L'atelier est à l'arrière de la boutique.

Oranienstrasse 165A
- **U Kottbusser Tor ou Moritzplatz**
- **☎ 615 38 66**
- **www.o-ton-keramik.de**
- **Lun.-ven. 12h-19h, sam. 11h-18h.**

LEBENSMITTEL HILLMANN
Épicerie fine — 46 Plan E3

Rien de tel qu'une épicerie de quartier pour trouver spécialités et produits quotidiens des Berlinois. Cette boucherie supérette propose notamment tout un choix de charcuteries et de fromages. À défaut de cuisiner un *Berliner Eisbein* (jarret de porc), rabattez-vous sur le jambon et les saucisses (*Wiener* 16 €/kg).

Oranienstrasse 20
- **U Kottbusser Tor • ☎ 61 45 644**
- **www.lebensmittel-hillmann.de**
- **Lun.-ven. 10h-20h, sam. 10h-15h.**

CORE TEX
Musique — 47 Plan E3

Ambiance destroy chez ce spécialiste des musiques punk, hardcore et alternatives, dont le magasin est orné d'un superbe comptoir en fer-blanc martelé. Le choix d'enregistrements est impressionnant et, en prime, vous y trouverez des tee-shirts (env. 20 €) et un guichet de réservation pour les concerts. Vous pourrez assistez à un concert ou à un barbecue in situ !

Oranienstrasse 3
- **U Görlitzer Bahnhof • ☎ 61 28 00 50**
- **www.coretexrecords.com**
- **Lun.-sam. 11h-20h.**

WOHNZIMMER
Décoration — 48 Plan E3

On traverse un jardinet pour entrer dans une jolie petite boutique pleine à craquer d'une quantité incroyable d'objets, parfois décalés ou kitsch, mais jamais de mauvais goût. Cuvettes en métal émaillé, coussins (dès 14,90 €), vaisselle, paniers du Sénégal (dès 29,90 €), boîtes en métal colorées. Que vous ayez besoin de quelque chose ou pas, il serait étonnant que vous ressortiez les mains vides.

Paul-Lincke-Ufer 44
- **U Kottbusser Tor • ☎ 61 62 38 72**
- **www.wohnzimmer36.de**
- **Lun.-ven. 11h-19h, sam. 11h-18h.**

TÜRKENMARKT AM MAYBACHUFER
Marché — 49 Plan E3-4

Sur la rive gauche du Landwehrkanal, des familles entières viennent retrouver un peu de leur Turquie natale. Si les étals de fruits et légumes ne diffèrent pas franchement d'un marché occidental, vous y trouverez néanmoins nombre de spécialités (falafels, épices et pâtisseries) et surtout une atmosphère unique. Que vous remplissiez ou non votre panier en osier, il est toujours dépaysant de déambuler dans une cohue bon enfant entre marchands de produits frais et vendeurs de savons d'Alep ou de tissus au mètre. Et, en plus de quelques épices, peut-être rapporterez-vous une paire de babouches (15 €) ou un foulard chatoyant.

Maybachufer • U Schönleinstrasse ou bus 140 • www.tuerkenmarkt.de • Mar. et ven. 11h-18h30.

SING BLACKBIRD
Vintage ⑸⑽ **Plan F4**

Mieux qu'une charmante friperie à la sélection judicieuse, une charmante friperie regorgeant de pépites vintage et d'un café ! Lieu de passage et de rencontre, la boutique propose un assortiment de pièces tout droit débarquées des *70's*, *80's* et *90's*. Diana (ancienne de chez BMW) et Tasha (créatrice new-yorkaise) veulent proposer du moyen de gamme : comprendre de l'ultraqualitatif à prix tout à fait raisonnables (pour 25 €, repartez avec une robe).

Sanderstrasse 11 • U Schönleinstrasse • ☎ 54 84 50 51 • Facebook : singblackbird/timeline • Lun.-sam. 13h-19h.

HARD WAX
Musique 51 **Plan E3**

Labels allemands et anglais, européens et américains, Hard Wax a la réputation d'offrir un choix peu commun (techno, drum'n'bass, house, reggae et new wave, à partir de 8 € le vinyle) et quelques raretés.

Hard Wax

Paul-Lincke-Ufer 44A (2e cour, esc. A, 3e étage) • U Kottbusser Tor • ☎ 61 13 01 11 • www.hardwax.com • Lun.-sam. 12h-20h.

MODULOR
Loisirs créatifs 52 **Plan E3**

La boutique doit son nom au « Modulor » de Le Corbusier, utilisé en architecture pour calculer les tailles des habitations en fonction des dimensions d'un homme type. C'est le paradis pour l'architecte, en particulier pour la construction de maquettes. Passez la porte même si vous n'êtes pas du métier : vous trouverez dans les étages quantité d'autres objets tout public

- carnets de tous formats et couleurs (carnet de notes bordé de métal 17 €, rangements et mobilier de bureau, kits de décoration, set de 10 *masking tape* « washi », 27,20 €), papiers en divers motifs et qualités, et même du parchemin (dès 15,20 € le rouleau)...
Prinzenstrasse 85 • U Moritzplatz • ☎ 69 03 60 • www.modulor.de • Lun.-ven. 9h-20h, sam. 10h-18h.

OVERKILL SHOP
Chaussures (53) Plan F3

Une institution pour les amateurs de streetwear et baskets des deux sexes. Dans le premier espace, une large sélections de vêtements et sneakers de grandes marques comme Nike, New Balance, Adidas, ou Asics, éditions limitées en prime. À l'étage, des collections plus confidentielles avec Hut, Looky Looky et Undefeated. En bonus : le bâtiment attenant est consacré à l'art de la rue et vend du matériel pour graffitis et des ouvrages de référence sur le street art.
Köpenicker Strasse 195A • U Schlesisches Tor • ☎ 61 07 66 33 • www.overkillshop.com • Lun.-sam. 11h-20h.

Friedrichshain et l'East Side Gallery (Quartier 13 - p. 90)

Madano

MADANO
Mode (54) Plan HP par F3

Des murs blancs et des meubles colorés servent de présentoirs à des vêtements originaux. Il s'agit d'une mode à la fois rétro et branchée (7 € la jupette rayée à poches fleuries ; robe à partir de 5 €). Une place de choix est accordée aux années 1970, mais on y trouve également des pièces plus actuelles. Si vous souhaitez apporter une touche pop, disco ou gothique à votre look, un détour par Friedrichshain s'impose !
Grünberger Strasse 63 • U Samariter Strasse • ☎ 29 77 07 78 • https://ein000.de/madano • Lun.-ven. 12h-20h, sam. 12h-19h.

FLOHMARKT AM BOXHAGENER PLATZ
Marché ⑤⑤ Plan HP par F3

Tous les dimanches, un marché aux puces est organisé sur cette jolie place. Les stands, tenus par des professionnels, mélangent vintage et artisanat. Vous pourrez profiter de la place ou bruncher sur les terrasses alentour. Si vous n'avez pas trouvé votre bonheur ici, un autre marché, plutôt de particuliers, se tient le dimanche sur le terrain de la friche RAW à 10 minutes de marche (Revaler Strasse 99 – plan F3).

Boxhagener Platz 1
• U Samariterstrasse • Dim. 10h-18h.

Prenzlauer Berg (Quartier 14 - p. 96)

TOMSHOT
Bijoux ⑤⑥ Plan E1

Aux commandes de cette marque berlinoise, le créateur Thomas Schwender. Deux axes dans chaque collection : le « classique » avec des plaquages, cristaux et verres tout en sobriété, et le « concept » mêlant couleurs, techniques innovantes et lignes inventives. Les pièces sont fabriquées à la main dans l'atelier berlinois avec des matériaux choisis chez des fournisseurs européens, mais les prix ne décollent pas pour autant : une large partie des créations reste sous la barre des 150 €.

Sredzkistrasse 56
• U Weinmeisterstrasse
• ☎ 44 03 83 50 • www.tomshot.com
• Lun.-ven. 11h-19h.

ERFINDERLADEN
Insolite ⑤⑦ Plan E1

Boutique consacrée aux inventeurs, entre cabinet des curiosités des temps modernes et labo de savant pas si fou. Vous y trouverez les objets les plus insolites, comme des tongs spéciales pédicure (19,95 €) ou un sac avec panneaux solaires (199 €), mais aussi des produits amusants et plus conventionnels (le Bunjee Handyband pour éviter les chutes de portable à 7,90 €).

Lychener Strasse 8
• U Eberswalder Strasse
• ☎ 54 71 33 06
• http://erfinderladen-berlin.de
• Lun.-sam. : 11h-20h.

JEANNE KOEPP
Poterie ⑤⑧ Plan E1

Jeanne Koepp crée des poteries aux lignes insolites où se reflète l'influence des cultures d'Afrique. Née à Dresde, elle reconnaît que la technique craquelée qu'elle utilise n'est pas sans rapport avec l'ambivalence de l'ancienne Allemagne de l'Est. Véritable alchimiste des couleurs et des matériaux, elle réalise des créations uniques ou produites

en séries limitées (boîtes : 45-80 €, vases : 60-500 €).
Kollwitzstrasse 53 • Ⓤ Senefelderplatz • ☎ 151 64 51 11 18 • www.jeanne-koepp-keramik.de • Jeu.-ven. 15h-19h, sam. 12h-16h ou sur r.-v.

ÖKOMARKT AM KOLLWITZPLATZ
Marché ⑸⑼ Plan E1

Sensibles à la préservation de l'environnement, les Berlinois apprécient les produits naturels. Si ce marché écologique n'est pas le seul de la ville, il offre l'avantage de se tenir sur l'une des places les plus séduisantes de Prenzlauer Berg – am Kolle –, où déambule une clientèle plutôt bobo. On y trouve un vaste choix de légumes, fruits et viandes bio, mais également des produits non alimentaires comme des vêtements en laine naturelle... Le samedi, il accueille une partie plus traditionnelle.
Kollwitzplatz • Ⓤ Senefelderplatz • Avr.-déc. : jeu. 12h-19h ; janv.-mars : jeu. 12h-18h.

FRAUEN UND KINDER ZUERST
Vintage 60 Plan E1

Voici une adresse précieuse pour dénicher des vêtements toujours dans le vent à des prix imbattables (14-19 € la robe !). Installée au rez-de-chaussée d'une charmante maison, la boutique pour femmes propose un vaste choix de jupes, pantalons, vestes... et accessoires, récents et en excellent état, parfois signés de grands noms de la mode.
Kollwitzstrasse 92 • Ⓤ Senefelderplatz • ☎ 75 56 85 64 • Lun.-ven. 13h-19h, sam. 11h-17h.

TRÖDELMARKT AM ARKONAPLATZ
Marché aux puces 61 Plan E1

À l'extrémité de Prenzlauer Berg (et ce n'est sans doute pas un hasard), ce marché est incontournable pour les amateurs du design des années 1950 à 1970. Complètement décalé ou totalement dément selon les avis, c'est de toute façon l'endroit idéal pour flâner le dimanche matin après avoir dégusté un petit déjeuner copieux sur Oderberger Strasse ou Kastanienallee !
Arkonaplatz • Ⓤ Bernauer Strasse ou bus 247 • ☎ 78 69 764 • www.troedelmarkt-arkonaplatz.de • Dim. 10h-16h.

Cyroline

Flagshipstore (p. 196)

CREME FRESH
Mode ⑥② Plan E1

Située sur l'une des rues les plus branchées de Prenzlauer Berg, cette boutique présente une mode jeune, fraîche, légère comme de la crème. Grandes marques et stylistes berlinois y sont représentés, notamment par un vaste choix de jupes (50-70 €) et de robes courtes (40-100 €). Mais aussi de chaussures (toutes fabriquées en Europe), sacs et accessoires...

Kastanienallee 21
• U Eberswalder Strasse
• ☎ 48 62 58 27
• Lun.-sam. 12h-20h.

CYROLINE
Mode ⑥③ Plan E1

En plus des tee-shirts écoresponsables Cyroline, confectionnés en Allemagne ou en Pologne et que l'on peut imprimer de motifs dans la couleur de son choix, vous découvrirez ici les marques Timing et Compañia Fantastica, des jeans triés sur le volet... Sympa ! L'annexe de Cyroline est à Friedrichshain (Grunbergerstrasse 54, ☎ 92 35 80 25, lun.-sam. 11h-20h).

Oderberger Strasse 43
• U Eberswalder Strasse
• ☎ 40 30 18 54 • www.cyroline.de
• Lun.-mer. 12h-18h30, jeu.-ven. 12h.

MR + MRS PEPPERS
Vintage ⑥④ Plan E1

Au cas où vous ne l'auriez pas deviné, la référence aux Beatles et donc aux années 1960 et 1970 n'est pas un hasard. En outre, le magasin se trouve au cœur de Prenzlauer Berg où il est de bon ton de cultiver une certaine différence. *Boys and girls* trouveront donc ici un vaste choix de vêtements plus ou moins rétro, toujours en très bon état et à des prix très raisonnables (jupe et robe : 89,90-119,90 € ; chemise femme : 69,90 €).

Oye Records

Kastanienallee 91-92
• U Eberswalder Strasse • ☎ 44 81 121
• www.mrandmrspeppers.de
• Lun.-sam. 11h-20h.

FLAGSHIPSTORE
Mode ⑥⑤ Plan E1

Au Flagshipstore, on privilégie les gammes respectant le commerce équitable, et on prend la peine d'exposer les vêtements (chemise : 30-150 €) et accessoires de jeunes créateurs qui n'ont pas encore les moyens d'avoir leur propre showroom dans la capitale. On y trouve les lignes de stylistes berlinois, mais aussi des labels venus d'Amsterdam ou de Copenhague. Une belle initiative qui devrait vous permettre de voir le travail de Meshit, Anne Schmuhl, Betty Bund, Froks, Z. B. Berlin... Propose également un rayon hommes.
Oderberger Strasse 53
• U Eberswalder Strasse • ☎ 43 73 53 27
• www.flagshipstoreberlin.de
• Lun.-ven. 12h-20h, sam. 11h-20h.

PAUL'S BOUTIQUE
Vintage ⑥⑥ Plan E1

Pour chiner à bas prix dans le quartier de Prenzlauer Berg, il y a aussi la Boutique de Paul : elle croule littéralement sous des monceaux de fripes ! Son créneau ? Le vintage de 50 à 150 €. Et comme il a du flair pour trouver le détail qui tue – du vieux survêt' Adidas bleu gauloise au short 80's –, ça part comme des petits pains !
Oderberger Strasse 47 • U Eberswalder Strasse • ☎ 440 33 737
• www.paulsboutiqueberlin.com
• Lun.-sam. 12h-20h.

VEB ORANGE
Vintage ⑥⑦ Plan E1

Si vous raffolez des années 1970, du design est-allemand et du *second hand* kitsch, courez chez VEB Orange ! C'est bourré de meubles, de vêtements, de luminaires et d'accessoires que l'on dirait tout droit sortis du quotidien de l'ex-RDA. Trop drôle et tout à fait abordable !

Oderberger Strasse 29 • Ⓤ Eberswalder Strasse • ☎ 97 88 68 86 • www.veborange.de • Lun.-sam. 11h-19h.

OYE RECORDS
Musique ⑥⑧ Plan E1

Au cœur de Prenzlauer Berg, ce disquaire occupe un entresol précédé d'une façade rouge et vert anis qu'il est difficile de manquer. À l'intérieur, un grand choix d'enregistrements (de 2 à 200 €) de musiques électroniques, de soul et de rythmes latino-américains. Une boutique branchée, à l'image du quartier.

Oderberger Strasse 4 • Ⓤ Eberswalder Strasse • ☎ 66 64 78 21 • www.oye-records.com • Lun.-sam. 12h-20h.

BLESS
Mode ⑥⑨ Plan E1

Quand Berlin et Paris s'associent, les surprises sont au rendez-vous. Ines Kaag (Berlin) et Désirée Heiss (Paris) prennent un malin plaisir à brouiller les pistes pour renouveler le quotidien. Leur ingéniosité ne se limite pas à la mode, et les amateurs d'avant-garde ne seront pas déçus. Que choisir : ce chemisier satiné, ce collier « électrique » ou même ce meuble sur lequel ils sont accrochés ?

Oderberger Strasse 60 • Ⓤ Eberswalder Strasse • ☎ 27 59 65 66 • www.blessberlin.com • Mer.-ven. 16h-20h et sam. 11h-18h (mieux vaut appeler pour s'assurer de l'ouverture).

SPIELZEUGLAND RATZEKATZ
Jouets ⑦⓪ Plan E1

Entre magasin de l'Est et magasin à l'ancienne, cet endroit se rapproche beaucoup du paradis du jouet ! Même une imagination débordante sera toujours comblée. En fait, il y a absolument de tout pour tous les âges, des peluches aux jouets en bois en passant par les maquettes, puzzles et autres jeux de société. 2,99 € le kit seau + pelle pour jouer dans le bac à sable. Qui dit mieux ?

Raumerstrasse 7 • Ⓤ Eberswalder Strasse • ☎ 681 95 64 • www.ratzekatz.de • Lun.-sam. 10h-19h.

LIV
Maison ⑦① Plan E1

Britta et Stephan ont dédié leur enseigne aux arts de la table et plus précisément aux objets en émail. Résistant, facile à nettoyer, hygiénique, idéal pour faire cuire ses petits plats, ils ne tarissent pas d'éloge quant à ce matériau longtemps délaissé qui refait son apparition dans les intérieurs bercés par l'air du temps. À chaque budget son produit, de la tasse basique à fin liseré à 4 € aux suspensions (28-189 €) en passant par la cafetière à pois (21-95 €) ou les sets à tartes (75 € un kit de 4).

Stargarder Strasse 9 • Ⓤ Schönhauser Allee • ☎ 34 62 73 05 • www.emaille-shop.de • Lun.-ven. 10h-19h, sam. 11h-18h.

Carnet

PRATIQUE

Retrouvez toutes nos adresses localisées sur les cartes et plans grâce à un numéro coloré.

56	35	28
Restos	Bars	Boutiques

Le numéro renvoie à sa notice détaillée dans le chapitre concerné.

QUAND PARTIR ?

Le climat berlinois n'est pas très différent de celui de l'Est de la France, avec une influence continentale nettement plus marquée. L'hiver est rigoureux, avec des chutes de neige fréquentes et un vent parfois glacial ; l'été est chaud et ensoleillé, avec de fortes chaleurs que lacs et espaces verts rendent toutefois moins étouffantes. Le printemps est assurément la saison la plus agréable, avec un ciel clair et dégagé en général. Sachez toutefois qu'en toute saison le temps peut changer brutalement et tourner à la pluie.

EN AVION

La création d'un nouvel aéroport fut décidée lors de la réunification de la ville, mais le chantier n'a débuté qu'en 2006 et n'est toujours pas achevé. À terme, Berlin Brandenburg sera le seul aéroport de la capitale allemande mais, en attendant, les avions continuent d'atterrir à Tegel et Schönefeld.

• **Air France** programme plusieurs liaisons directes quotidiennes depuis Paris-Charles-de-Gaulle 2.
☎ 36 54 • www.airfrance.fr

• **Air Azur** propose chaque jour deux vols directs depuis Paris-Orly (en 1h45).
• ☎ 0180 797 997 (0,06 €/min)
• www.aigle-azur.com

• **Eurowings** met à disposition des liaisons depuis Nice, sans escale, toute l'année. L'été, Eurowings propose des vols Calvi-Berlin avec escale.

• ☎ 892 390 158 (0,34 €/min) ; depuis l'Allemagne ☎ 180 632 03 20 • www.eurowings.com

• **Lufthansa** a une offre de vols directs depuis Paris-Charles-de-Gaulle, et indirects depuis Nice et Marseille (via Munich ou Francfort). • www.lufthansa.fr

• **Easy Jet** propose des vols directs au départ de Paris-Orly, Lyon, Nantes, Nice et Toulouse. ☎ 0820 42 03 15 • www.easyjet.com

En fonction de la période, de la compagnie et de votre capacité d'anticipation, vous paierez l'aller-retour entre 49 et 300 €. Le moyen le plus simple pour trouver le billet le plus adapté à vos attentes, sans passer par une agence de voyages, est de consulter un comparateur de vols en ligne.

EN TRAIN

• En journée, **ICE, Thalys** et la **SNCF** proposent des voyages (avec

Préparer votre séjour

Office national allemand du tourisme
Rens. et envoi de documentation par tél. uniquement.
• ☎ 01 40 20 01 88 • www.germany.travel

CIDAL : Centre d'information et de documentation sur l'Allemagne
31, rue de Condé, 75006 Paris • M° Odéon • ☎ 01 44 17 31 31 • www.cidal.diplo.de • Lun., mer., ven. 11h-13h et 14h-17h (15h30 ven.) et mar., jeu. 14h-17h.

Goethe Institut
Pour prendre des cours d'allemand (☎ 01 44 43 92 70), se documenter à la bibliothèque (mar. et ven. 13h-18h, mer. 13h-20h, jeu. 10h-16h, sam. 10h-14h) et découvrir des expositions thématiques. L'institut est également présent à Bordeaux, Lille, Lyon, Marseille, Nancy, Strasbourg et Toulouse.
17, av. d'Iéna, 75116 Paris • M° Iéna • ☎ 01 44 43 92 30 • www.goethe.de/ins/fr/par/frindex.htm

Librairie Buchladen
3, rue Burq, 75018 Paris • M° Blanche ou Abbesses • ☎ 01 42 55 42 13 • Mar.-dim. 11h-19h30.

Berlin en ligne
Pour préparer votre voyage en obtenant de nombreux renseignements : histoire, architecture, monuments, musées, plans, boutiques, etc.
www.berlin-en-ligne.com

une, voire deux correspondances) au départ de **Paris-Gare de l'Est** et **Paris-Gare du Nord.** Comptez un peu plus de 8h de trajet.

Infos et résa SNCF :
- **☎ 36 35 • T.l.j. 7h-22h**
- **www.oui.sncf**

• Si vous souhaitez voyager de nuit, vous pouvez emprunter un train au départ de **Paris-Gare de l'Est** et faire une correspondance dans une ville desservie par la **Night City Line** (Mannheim, Francfort-sur-le-Main...), les trains de nuit de la **Deutsche Bahn.**
Comptez un peu plus de 12h de trajet et entre 100 et 300 €.
Infos et résa Deutsche Bahn :
☎ 0032 70 654 321 • Lun.-ven. 8h-20h, sam.-dim. 9h-16h30 • Infos en français : ☎ 0170 385 098 (lun.-ven. 9h30-17h).

EN CAR

La compagnie **Eurolines** organise des liaisons vers Berlin au départ de 35 villes françaises. Comptez un trajet de 14h depuis Paris. À Berlin, la gare routière (Am Funkturm) se situe Masurenallee 4-6 (quartier Charlottenburg-Wilmersdorf, stations Ⓤ Kaiserdamm et Ⓢ Messe Nord/ICC ; plan A3).
☎ 0892 89 90 91 • www.eurolines.fr

Location d'appartement

Le site **Oh Berlin** met en relation touristes et propriétaires souhaitant louer leur logement. Appartements disponibles dès 15 € la nuit.

www.oh-berlin.com

DORMIR À BERLIN

QUEL QUARTIER ?

Pour dormir dans un quartier calme et cossu, visez **Charlottenburg**, dans l'ouest berlinois, qui compte une foule de B&B et petites pensions (autour du Kurfürstendamm notamment). Plus central, **Mitte** présente l'avantage d'être desservi par de nombreuses lignes de métro et de S-Bahn : on peut facilement rayonner à partir de l'Alexanderplatz ou de Hackescher Markt. Vous voulez profiter à plein de la vie nocturne ? Optez pour **Kreuzberg** au sud ou **Neukölln** au sud-est, tous deux truffés d'endroits où sortir. C'est aussi le cas, à l'est de **Friedrichshain**, entre Ostbahnhof et Frankfurter Allee, où les tarifs sont encore très abordables (petit bémol : les transports y sont peu fréquents). **Prenzlauer Berg**, au nord-est, a plus de charme, mais l'offre hôtelière y est plus limitée.

CLASSIFICATION

S'il existe **cinq catégories** d'hôtels établies selon des critères internationaux, cette classification ne peut être qu'indicative compte tenu des offres promotionnelles proposées régulièrement par les hôtels. À vous de faire la différence selon la situation et le charme de l'établissement, les services

Pensez-y

Formalités

Les ressortissants de l'Union européenne doivent être munis d'une carte d'identité ou d'un passeport. Les citoyens ne faisant pas partie de l'UE ont besoin d'un passeport en cours de validité pour pénétrer en Allemagne, et d'un visa s'ils souhaitent y séjourner plus de 90 jours. Les enfants mineurs, non accompagnés de l'un de leurs parents, doivent, en outre, être en possession d'une autorisation de sortie du territoire (formulaire à télécharger sur : www.service-public.fr/particulier/vosdroits/F1359).

Services consulaires, 28, rue Marbeau, 75116 Paris.

Assurance

Prévoyez une assurance rapatriement, utile en cas d'accident grave. Les voyagistes la proposent, comprise ou non dans le forfait. De plus, certaines cartes de paiement l'incluent dans leurs avantages. Renseignez-vous auprès de la banque émettrice.

Santé

Si vous suivez un traitement, prévoyez suffisamment de médicaments, car vous n'êtes pas assuré de trouver les mêmes sur place. Munissez-vous de votre ordonnance si vous suivez un traitement dont les médicaments sont susceptibles de trafic. Pour les ressortissants de l'Union européenne, il est conseillé de se procurer avant le départ la **carte européenne d'assurance maladie**, qui permet de bénéficier d'une assistance médicale gratuite. Il suffit alors, en cas d'urgence, de se rendre dans un des centres AOK (caisse d'assurance maladie allemande) et de présenter la carte au médecin ou à l'hôpital.

Urgences : ☎ 112

AOK : Wilhelmstrasse 1 (D3) • Ⓤ Hallesches Tor • ☎ 0800 265 0800 (24h/24).

Douane

L'Allemagne faisant partie de l'espace Schengen, le contrôle aux frontières est une simple routine pour les ressortissants de l'Union européenne. Néanmoins, vous pouvez être contrôlé. Si vos effets personnels ne font l'objet d'aucun droit de douane, vous êtes tenu de déclarer les sommes ou valeurs supérieures ou égales à 7 600 € (formulaire disponible auprès de l'administration des douanes). Enfin, que vous soyez citoyen de l'Union européenne ou pas, les quantités de tabac et d'alcool que vous pouvez introduire ou rapporter d'Allemagne varient.

Renseignements : ☎ 0811 20 44 44 (depuis la France) et ☎ 00 33 1 72 40 78 50 (lun.-ven. 8h30-18h, depuis l'Allemagne) • www.douane.gouv.fr

proposés et le prix. Le prix de la chambre n'inclut pas toujours le petit déjeuner, souvent copieux et servi sous forme de buffet.

TARIFS ET RÉSERVATIONS

Si les prix augmentent depuis quelques années, l'hébergement reste bon marché à Berlin. Ceux qui souhaitent limiter le budget hébergement pourront choisir parmi les **auberges de jeunesse, pensions de famille** et **petits hôtels** centraux et charmants. Vous pourrez y réserver une chambre double dès 25 € (la salle de bains doit parfois être partagée). En s'y prenant à l'avance, il est même tout à fait possible de dormir dans un 4-étoiles parfaitement situé pour moins de 100 €. Sachez aussi que **les prix grimpent lors des grandes manifestations (Berlinale...) et des longs week-ends de printemps.** Nombre d'hôtels affichent (en général sur leur site Internet) des **offres promotionnelles en période creuse,** mais aussi en juillet-août. En outre, presque tous proposent des **forfaits week-end, petit déjeuner compris.**

SE DÉPLACER

DE L'AÉROPORT AU CENTRE-VILLE

Berlin-Tegel

À moins de 10 km au nord-ouest du centre-ville, l'aéroport international de Tegel (TXL) n'est desservi ni par le métro ni par le train, seulement par des **bus**. Quel que soit celui que vous empruntez, le ticket est à 2,80 € et il faut compter 30 à 45 min pour rejoindre le centre-ville. De loin le plus rapide, l'**Express Bus TXL** dessert Unter den Linden (G7) et l'Alexanderplatz (I7). Pour l'ouest de la ville, prendre le **X9** ou le **109** qui va jusqu'à la gare de Zoologischer Garten (C3). Le **128** permet de rejoindre le métro U Kurt-Schumacher-Platz (ligne U 6), qui dessert la gare de Friedrichstrasse. Ces bus circulent tous les jours de 6h à 23h, toutes les 15 à 20 min.

Si vous préférez prendre un **taxi** pour arriver directement à votre hôtel, vous mettrez 20 à 30 min pour rejoindre le centre-ville et il vous en coûtera environ 25 €.

Berlin-Schönefeld

L'aéroport de Schönefeld (SXF), qui sera à terme rebaptisé Berlin-Brandenburg International (BBI), se trouve à une vingtaine de kilomètres au sud-est de Berlin. Il est un peu plus facile d'accès que le précédent, car il est relié toutes les 30 min à la gare centrale Berlin-Hauptbahnhof (D2) par le **train régional express RE7** qui s'arrête à Ostbahnhof, Alexanderplatz, Friedrichstrasse, Hauptbahnhof, Zoologischer Garten, Charlottenburg... Il faut 35 min pour rejoindre la gare centrale.
Le S-Bahn **S45** rejoint quant à lui le Ringbahn sud, s'arrêtant aux stations Neukölln Hermannstrasse, Südkreuz ; le **S9** dessert Alexanderplatz, Hoptbahnhof,

Tiergarten et Westkreutz. Le **bus X7** relie l'aérogare au métro Ⓤ Rudow (ligne Ⓤ 7). Dans les deux cas, il vous en coûtera le prix d'un ticket de métro zones ABC (3,40 €).
www.bvg.de

SUR PLACE

Transports en commun

Le dispositif berlinois distingue le **métro** (lignes avec un Ⓤ) des **trains urbains S-Bahn** (lignes avec un Ⓢ). Avec votre titre de transport, vous pourrez emprunter indifféremment l'un ou l'autre réseau (tout comme le bus ou le tramway). Notez juste qu'il faut parfois sortir d'une station et marcher pour faire la correspondance entre deux lignes de réseaux différents, ce qui peut s'avérer déroutant.
Trains et métros circulent en continu le week-end et de 4h à 1h30 en semaine. Les nuits en semaine, des bus nocturnes circulent toutes les demi-heures environ.
Bon plan : les lignes de **bus 100** (à impériale) et **200** relient les **principales attractions touristiques** de la ville. Avec un ticket journalier *(Tageskarte)* vous pouvez donc vous faire un circuit en *hop-on-hop-off* à moindre coût.

Titres de transport

Pour des déplacements dans les zones AB - dans lesquelles vous resterez très probablement, à l'exception des liaisons avec l'aéroport de Schönefeld -, un ticket simple coûte 2,80 € (1,70 € pour les enfants de moins de 14 ans, gratuit pour les moins de 6 ans). Il est plus économique d'acheter les tickets simples vendus par 4 (4-Fahrten-Karte) pour 9 €. Notez que vous pouvez faire plusieurs voyages pendant une durée de 2h avec un ticket simple, mais pas l'aller-retour sur une même ligne. Vous devrez dans ce cas poinçonner un ticket pour votre trajet aller et un au retour, même s'il ne s'agit que de quelques stations.
Particularité berlinoise : le ticket **Kurzstrecke** (« courte distance »), vendu 1,70 € (1,30 € en tarif réduit), permet d'effectuer un trajet de trois stations U-Bahn au maximum ou six stations de bus ou de tramway.
Vous trouverez également la **Tageskarte** vendue 7 € (4,70 € en tarif réduit) grâce à laquelle vous pourrez voyager toute la journée

Numérotation des rues

Les rues berlinoises ne sont pas numérotées de la même manière qu'en France. Si certaines rues ont comme chez nous un côté pair et un côté impair, d'autres (tel le Kurfürstendamm) sont numérotées de façon continue et en boucle. Dans ce cas, le premier numéro fait face au dernier. Inutile de vous alarmer pour autant, les plaques indiquant le nom des rues précisent aussi les numéros et permettent ainsi de s'y retrouver.

(jusqu'à 3h le lendemain matin). Les **tickets groupe** permettent à cinq personnes au maximum de circuler 24h pour 19,90 €. La **carte hebdomadaire** (7-Tage-Karte) quant à elle coûte 30 € et permet de voyager accompagné d'une personne gratuitement en semaine chaque soir après 20h et le week-end.
Pensez à composter vos billets (y compris lors de la première utilisation pour les tickets jour ou semaine) dans les machines installées sur les quais pour les métros et trains ainsi que dans les bus et tramways.
Attention : les distributeurs de tickets **n'acceptent pas toujours les cartes étrangères.** Prévoyez du cash ou achetez vos tickets aux guichets (mais vous n'en trouverez pas dans toutes les stations et à toute heure !).
www.bvg.de

En taxi

De couleur crème, les taxis berlinois sont nombreux et faciles à intercepter. Le paiement par carte

Bon à savoir

Heure locale

Il n'y a pas de décalage horaire entre la France et l'Allemagne.

Jours fériés

1er janvier, week-end de Pâques (la plupart des commerces et des institutions sont fermés le Vendredi saint, le dimanche et le lundi de Pâques), 1er mai, jeudi de l'Ascension, lundi de Pentecôte, 3 octobre (journée de l'unité allemande), 25 et 26 décembre.

Courrier

Les timbres (0,90 € pour un envoi vers l'Europe) s'achètent dans les bureaux de poste (ouverts généralement de 7h à 20h du lundi au vendredi et de 8h à 14h le samedi). Postez votre courrier dans la partie *Andere Postleitzahl* des boîtes aux lettres (jaunes).

Banques

Les banques sont généralement ouvertes du lundi au vendredi de 8h30 à 13h et de 14h30 à 17h, mais beaucoup ferment en début d'après-midi le vendredi. Les distributeurs de billets sont partout, mais plus rares dans certains quartiers de l'est de la ville. Ils acceptent en général toutes les cartes bancaires.

Tabac

Il est interdit de fumer dans les lieux publics fermés. Les restaurants, bars et discothèques ont le choix et peuvent avoir un espace réservé aux fumeurs.

est possible dans certains taxis et signalé par un autocollant sur les vitres latérales. Comptez entre 3,90 € de prise en charge et 2 €/km (pour les sept premiers kilomètres ; 1,50 € ensuite). Pour une course de moins de 2 km, annoncez au chauffeur une *Kurzstrecke* (« une course courte ») et vous bénéficierez d'un tarif de 5 € quelle que soit l'heure.

Association des taxis
• taxiverband-berlin.de
Taxi Berlin • ☎ 20 20 20
• www.taxi-berlin.de
Funk Taxi Berlin • ☎ 26 10 26
• www.funk-taxi-berlin.de

À vélo

Le vélo est un mode de transport très utilisé dans la capitale. Les **pistes cyclables** sont nombreuses et clairement identifiables, des panneaux indiquent les distances entre les principaux sites, et les automobilistes sont respectueux des cyclistes (veillez d'ailleurs à faire de même en tant que piéton et à ne pas marcher sur les voies réservées aux vélos). Les vélos sont autorisés dans les transports en commun, mais cela nécessite l'achat d'un billet spécial à l'unité (1,90 €) ou pour la journée (4,80 €).

• Le site **BBBike** vous permet de planifier et de calculer la longueur de votre parcours à travers la ville.
www.bbbike.de

• **Fat Tire Bike** propose des locations à la demi-journée (8 €) ou à la journée (14 € le premier jour puis dégressif) ainsi que des circuits commentés.
☎ 24 04 79 91
• www.berlinfahrradverleih.com

• Avec ses 7 stations réparties à travers la ville, **Fahrradstation** est également spécialisé dans la location (dès 15 €/jour) et les tours. Particularités : service de livraison et location de tandems.
• www.fahrradstation.com

• La Deutsche Bahn a développé un système de location de vélos libre service (via application) baptisé Call a Bike et doté de bornes réparties à travers la ville. Il faut d'abord s'inscrire (3 €/an), puis la réservation des vélos peut se faire soit avec le téléphone utilisé pour l'inscription, soit via les bornes (30 min gratuites puis 1 € par tranche de 30 min). Le vélo peut être restitué à n'importe quelle borne, assurez-vous que le cadenas soit bien enclenché pour ne pas avoir de mauvaise surprise.
☎ 0694 272 77 22
• www.callabike-interaktiv.de

À vélo-taxi

Équivalent berlinois du pousse-pousse, il est généralement conduit par un étudiant. Circulant de mars à octobre, les vélo-taxis sont prévus pour deux passagers au maximum et disposent d'un toit amovible. Vous les trouverez aux alentours des lieux touristiques. Le premier kilomètre coûte 7 €, les suivants, 5 €.
☎ 28 03 16 09 (pour une prise en charge à l'endroit de votre choix)
• www.velotaxi.de

À VOIR, À FAIRE

OFFICES DE TOURISME

Dans les **Berlin Tourist Info,** vous trouverez des plans de la ville (payants), des adresses d'hôtels et de restaurants, et des informations sur les événements et visites guidées.

www.visitberlin.de

Gare principale (Hauptbahnhof)
Europaplatz 1 (au rez-de-chaussée, entrée nord – D2) • Ⓢ Hauptbahnhof • ☎ 25 00 25 • T.l.j. 8h-22h.

Alexanderplatz
Dans le hall de l'hôtel Park Inn Radisson (I7) • Ⓤ & Ⓢ Alexanderplatz • Lun.-sam. 7h-21h, dim. 8h-18h.

Porte de Brandebourg
Pariser Platz (aile Sud – D2) • Ⓤ & Ⓢ Brandenburger Tor • Avr.-oct. : t.l.j. 9h30-19h ; nov.-mars : t.l.j. 9h30-18h.

Europa Center
Tauenzienstrasse, 9 (C3)
• Ⓤ & Ⓢ Zoologischer Gar
• Lun.-sam. 10h-20h.

MUSÉES ET MONUMENTS

D'une manière générale, les sites touristiques sont fermés le lundi et ouverts de 10h à 18h du mardi au dimanche (quelques nocturnes le jeudi jusqu'à 20h). Notez également les jours fériés (p. 205). Un week-end fin août se tient la **Longue Nuit des musées :** pour 18 €, accès à tous les musées participants et au bus pour les déplacements (p. 20).

PASS

• La **WelcomeCard,** commercialisée par la BVG (société de transports publics), permet de voyager sur le réseau et offre des réductions dans certains lieux touristiques et restaurants. Elle est disponible en deux versions : zones AB ou ABC pour 48h (19,90 € et 22,90 €), 72h

Berlin gratuit

De nombreux sites historiques notamment se visitent gratuitement : le **Reichstag** (p. 27), la **Topographie des Terrors** (p. 61), le **Denkmal für die ermordeten Juden Europas** (p. 30), le **Gedenkstätte Berliner Mauer** (p. 48), l'**East Side Gallery** (p. 93), le **Museum in der Kulturbrauerei** (p. 99), **l'Alliierten Museum** (p. 104) et la **Knoblauchhaus** (p. 55). Mais ce n'est pas tout : tous les jours, **Sandeman's New Berlin** (www.newberlintours.com) organise des visites gratuites de l'ex-Berlin-Est en 3h30 au départ de la porte de Brandebourg (à 14h30 face au café Starbucks). En version « payez ce que vous voulez », **Alternative Berlin** propose des départs à 11h et 13h pour découvrir (en anglais et en allemand) un Berlin plus alternatif (rendez-vous devant le Starbucks de l'Alexanderplatz) : www.alternativeberlin.com

Téléphoner

Berlin depuis la France : 00 49 + 30 (indicatif de Berlin) + numéro de votre correspondant. **La France depuis Berlin :** 00 33 + numéro de votre correspondant sans le 0 initial. **Appel intra-muros :** numéro du correspondant sans l'indicatif 30. **Berlin depuis une autre ville d'Allemagne :** 030 + numéro du correspondant. **Appel intra-muros à partir d'un téléphone portable français :** 00 49 + numéro du correspondant. Les **numéros de portables allemands** commencent généralement par 017.

La plupart des **cabines téléphoniques** fonctionnent avec des cartes (10 €), disponibles dans les kiosques à journaux et les bureaux de poste. Vous pouvez bien sûr téléphoner depuis votre chambre d'hôtel, mais le prix de la communication sera majoré.

Depuis juin 2017, les **frais d'itinérance** *(roaming)* ne sont plus facturés par votre opérateur lors de vos voyages au sein de l'Union européenne. Vos communications (appels, SMS, MMS) et votre connexion Internet en Allemagne sont désormais incluses dans votre forfait. Attention, des surcoûts peuvent toutefois continuer à s'appliquer. Ainsi, pour Internet, des plafonds de consommation ont été fixés. En outre, la nouvelle réglementation européenne ne s'applique qu'en cas de déplacement : lorsque vous préparez votre voyage, vos appels et messages depuis votre pays de résidence vers l'étranger restent surtaxés. **Renseignez-vous auprès de votre opérateur.** Pour plus d'infos : http://europa.eu/youreurope/citizens/consumers/telecoms-internet/mobile-roaming-costs/index_fr.htm

(28,90 € et 30,90 €) et cinq jours (36,90 € et 41,50 €). Une formule avantageuse si vous utilisez beaucoup le métro.

• La **WelcomeCard Museum Island,** valable 72h, est idéale si vous visitez au moins deux musées de l'île des Musées (entrée gratuite dans tous les musées de l'île des Musées en plus des autres avantages de la WelcomeCard classique ; 45 € zone AB, 47 € zone ABC).

Ces cartes peuvent être achetées à l'avance sur www.bvg.de, www.visitberlin.de, et dans les stations de métro, y compris aux distributeurs et à l'office de tourisme.

• Le **Museum Pass,** valable trois jours consécutifs dans plus de 30 musées, est vendu 29 € dans les offices de tourisme. Il présente un réel intérêt à partir de trois ou quatre visites.

• Le **Berlin Pass** comprend l'entrée dans plus de 50 musées et attractions, une carte de transports, des visites guidées en bus, bateau, à vélo et à pied. Prix pour 2 jours : 115 € avec le pass transports (99 € sans) ; 3 jours, 145 € avec le pass transports (119 € sans). Le pass est moins cher acheté en ligne (www.berlinpass.com) et peut être récupéré au comptoir berlinois (Humboldt Box, Berlin Pass Desk, Schlossplatz 5, plan H7, t.l.j. 10h-18h). Seul un programme dense permet de rentabiliser ce pass. À privilégier uniquement si vous prévoyez, en plus des musées, de prendre part à des visites guidées.

VISITES GUIDÉES

À pied

• **Insider Tour Berlin** propose également des visites à thème en anglais (IIIe Reich, guerre froide, Berlin contemporain...) ainsi que des excursions à Potsdam, Sachsenhausen (camp de concentration) et Dresde.
☎ 692 31 49 • www.insidertour.com

• **Berliner Unterwelten** vous emmène à la découverte du Berlin souterrain (en français).
Brunnenstrasse 105 • Ⓤ et Ⓢ Gesundbrunnen • ☎ 49 91 05 17 • www.berliner-unterwelten.de

• **Goodmorningberlin** explore en français et avec talent le Berlin insolite, artistique et alternatif. Balades de 3h hors des sentiers battus, au cœur du street art et des quartiers de l'Est berlinois.
☎ 157 39 26 25 32 • www.goodmorningberlin.com

• **Alternative Berlin Tours** a conçu une offre (anglais, allemand) autour du Berlin underground (street art, bâtiments abandonnés, contreculture...).
☎ 162 81 98 264 • www.alternativeberlin.com

• **Berlin Music Tour** organise des visites guidées (anglais, allemand) autour de l'histoire pop rock de la ville (en bus ou à pied) ainsi que la visite des mythiques studios Hansa.
☎ 172 42 42 037 • www.musictours-berlin.com

• **Berlin horizontal** propose des tours insolites à bord d'un lit (tiré par un vélo) :
www.berlinhorizontal.de

En Trabant

Deux-trois agences organisent des « safaris » guidés en Trabi à travers la ville. C'est éminemment touristique mais pas banal puisque l'on conduit soi-même la voiture. Chez **Trabi-World**, la formule la moins chère (« Berlin Compact ») revient à 49 €/pers. pour une virée de 1h15.
Zimmerstraße 97 (à l'angle de la Wilhelmstrasse ; H8) • ☎ 030 20 10 30 • www.trabi-safari.de

Promenades en bateau

D'avril à fin octobre, plusieurs croisières sur la **Spree** et le **Landwehrkanal** (p. 68) permettent d'apprécier Berlin au fil de l'eau. D'autres proposent d'aller plus loin et de se rendre à **Potsdam,** au **lac Müggelsee** ou de découvrir la **région du Brandebourg.**

• **Reederei Riedel** propose, au

départ de Märkisches Ufer (18), une mini-croisière de 23 km, qui passe sous 64 ponts (Brückenfahrt, 3h30 ; 23 €, 17,25 € avec la *Welcome-Card*).
Rens. : ☎ 030 67 96 14 70
• www.reederei-riedel.de
• **Reederei Bruno Winkler** permet d'aller de l'île des Musées (départ et arrivée du Schlossbrücke) jusqu'au château de Charlottenburg.
Départ : 10h et 14h • Rens. :
☎ 349 95 95 • www.reedereiwinkler.de
• **Berliner Wassertaxi** est tout indiqué si vous préférez vous en tenir au centre proprement dit. Il organise toutes les demi-heures (de 10h45 à 17h45) une croisière d'une heure au départ de l'arsenal (Zeughaus), au pied du Schlossbrücke ou du DomAquarée (en face du Berliner Dome) pour 14 € (7 € entre 7 et 14 ans).
Rens. : ☎ 658 802 03
• www.berlinerwassertaxi.de

ET LE BUDGET ?

La vie à Berlin est bien moins chère que dans les autres capitales européennes. Le midi, vous déjeunerez sur le pouce pour moins de 6 € (une *Curry Wurst* vous coûtera environ 3,50 € avec des frites). De nombreux restaurants proposent des formules lunch attractives, et les petits déjeuners sont très copieux *(Frühstück,* 4-10 €). Le soir ou pour des déjeuners plus évolués, vous vous en tirerez sans peine pour 15-20 €, boissons comprises, dans un restaurant de gamme moyenne. Les tarifs des boissons sont bien moins élevés qu'à Paris. Les tickets de musées et d'attractions majeures sont souvent vendus entre 8 et 15 €. Prévoyez donc un budget de 50 à 70 € par personne par jour auquel il faut ajouter 50-90 € par nuit dans une chambre double standard.

Comment payer ?

L'Allemagne étant un pays de la zone euro, vous pouvez y effectuer vos retraits et paiements par carte (Visa, MasterCard, etc.) comme vous le feriez en France. Tous vos paiements par carte sont gratuits et vos retraits sont soumis aux mêmes conditions tarifaires qu'en France (ils sont donc gratuits pour la plupart des cartes bancaires). Mais attention, celles-ci ne sont pas acceptées partout, elles sont notamment refusées dans la majorité des restaurants et des bars. Avoir toujours de l'argent liquide sur soi évitera les déconvenues. Avant de partir, assurez-vous que vos plafonds de retrait et de paiement à l'étranger sont activés, et demandez les montants hebdomadaires autorisés.

Perte ou vol de votre carte

Avant de partir, notez les 16 chiffres de votre carte bancaire qui vous seront demandés en cas d'opposition.
Visa : ☎ 0 800 811 8440 depuis l'Allemagne • www.visa.fr
MasterCard : ☎ 0 800 819 1040 depuis l'Allemagne
• www.mastercard.com/fr
American Express : ☎ 0033 1 47 77 72 00 • www.americanexpress.com
Numéro en Allemagne toutes cartes :
☎ 116 116 (gratuit ; 24 h/24 ; en anglais).

Nos hôtels PAR QUARTIER

Autour de la porte de Brandebourg (Quartier 1 - p. 26)

MEININGER

Un hôtel fonctionnel de 296 chambres, près de la gare centrale - pratique pour rayonner ! - avec vue sur le Ruban fédéral. Wifi gratuit dans le lobby.

Ella-Trebe-Strasse 9 (plan D2)
• U & S Hauptbahnhof • ☎ 98 32 10 73
• www.meininger-hotels.com
Autres adresses : Schönhauser Allee 19 (Plan E1) ; U Senefelderplatz ; ☎ 98 32 10 74 • Oranienburger Strasse 67/68 (Plan G6) ; ☎ 31 87 98 16.
• De 30 à 50 € • Petit déjeuner : 6,90 €.

ARTE LUISE KUNSTHOTEL

Proches d'Unter den Linden et de la Friedrichstrasse, 53 chambres toutes décorées et aménagées par un artiste. Amusantes, insolites ou intrigantes, elles sont toujours uniques.

Luisenstrasse 19 (plan D2)
• U & S Friedrichstrasse
• ☎ 28 44 80 • www.luise-berlin.com
• De 79 à 190 €
• Petit déjeuner : 11-15 €.

Autour de l'Auguststrasse (Quartier 4 - p. 44)

HÔTEL HACKESCHER MARKT

Cet hôtel propose 32 chambres et bénéficie d'une situation de rêve près des Hackesche Höfe. Vous pourrez profiter du joli petit patio pour vous détendre.

Grosse Präsidentenstrasse 8 (plan H7)
• S Hackescher Markt • ☎ 28 00 30
• www.classik-hotel-collection.com
• De 80 à 400 € • Petit déjeuner : 15 €.

MIKON EASTGATE

Cet établissement offre 30 chambres très correctes situées aux derniers étages d'un immeuble sans charme particulier. La réception se trouve au 5e étage, où vous pouvez prendre un verre sur la terrasse.

Hessischestrasse 10 (plan D2)
• U Naturkundemuseum
• ☎ 40 05 40 90 • www.mikonhotels.de
• De 65 à 500 €.

HOTEL 38

Atmosphère paisible et intime. Les 32 chambres sont sobres et confortables. Excellent pied-à-terre au cœur du quartier des Granges.

Oranienburger Strasse 38 (plan G6)
• Ⓢ Oranienburger Strasse
• ☎ 282 21 25 • www.hotel38.de
• De 79 à 200 €.

HOTEL GENDARM

À deux pas de l'une des plus belles places de Berlin. Chambres élégamment meublées.

Charlottenstrasse 61 (plan G8)
• Ⓤ Stadtmitte • ☎ 20 60 660
• www.hotel-gendarm-berlin.de
• De 99 à 200 € • Petit déjeuner : 15 €.

MERCURE HOTEL BERLIN CITY

À quelques pas du métro, des musées d'Histoire naturelle et d'Art contemporain. Ce 4-étoiles allie confort, service et calme. Les 246 chambres ont été décorées avec quelques œuvres du photographe allemand Martin Mlecko.

Invalidenstrasse 38 (plan G6)
• Ⓤ Naturkundemuseum
• ☎ 30 82 60 • www.mercure.com
• À partir de 80 € • Petit déjeuner : lun.-ven. 19 €, sam.-dim. 12 €.

Autour de l'Alexanderplatz (Quartier 5 - p. 52)

MOTEL ONE

Hôtel de plus de 200 chambres, idéalement situé le long de la ligne de S-Bahn. Son slogan : *Viel Design für wenig Geld !* Autrement dit : « beaucoup de design pour pas cher ».

Dircksenstrasse 36 (plan I7) • Ⓤ & Ⓢ Alexanderplatz • ☎ 20 05 40 80
• www.motel-one.com • De 84 à 190 €
• Petit déjeuner bio : 9,50 €.

IBIS STYLES

Cet hôtel propose 61 chambres avec grand lit ou lits jumeaux, dans un immeuble moderne. Design plaisant et tonique. Une bonne adresse pour dormir à deux blocs de l'Alex.

Bernhard-Weiss-Strasse 8 (plan I7)
• Ⓤ & Ⓢ Alexanderplatz
• ☎ 24 08 69 60
• www.ibis.com • De 50 à 130 €.

PARK INN ALEXANDERPLATZ

Immense tour de 40 étages qui domine l'Alexanderplatz, symbole de la « réussite » de l'ex-Allemagne de l'Est, l'hôtel a été modernisé. La vue depuis les chambres aux angles des derniers étages est magnifique.

Alexanderplatz 7 (plan I7)
• Ⓤ & Ⓢ Alexanderplatz
• ☎ 23 890 • www.parkinn-berlin.com
• De 79 à 500 € • Petit déjeuner : 19 €.

ART'OTEL MITTE

Cet hôtel est composé d'un palais rococo et d'un bâtiment contemporain, décoré d'œuvres du peintre Georg Baselitz. Petit déjeuner servi dans l'atrium.

Wallstrasse 70-73 (plan I8)
• Ⓤ Märkisches Museum • ☎ 240 620

• www.artotels.com • De 100 à 120 €
• Petit déjeuner : 14,90 €.

ALEXANDER PLAZA

Chambres et suites lumineuses, dotées d'un mobilier en bois moderne et sobre. Quelques petits plus très appréciables : sauna, salle de fitness.

Rosenstrasse 1 (plan H7)
• Ⓢ Hackescher Markt • ☎ 24 00 10
• www.hotel-alexander-plaza.de
• De 70 à 400 €.

Tiergarten (Quartier 7 - p. 64)

ABION SPREEBOGEN WATERSIDE

Aménagé dans d'anciennes laiteries, sur les bords de la Spree. Dessiné par Wolfgang Borchardt, c'est un édifice moderne et coloré. Chambres spacieuses.

Alt Moabit 99 (plan C2)
• Ⓤ Turmstrasse • ☎ 39 92 00
• www.abion-hotel.de • De 70 à 400 €
• Petit déjeuner : 19 €.

Charlottenburg, le long du Kurfürstendamm (Quartier 9 - p. 74)

PENSION PETERS

Un coup de cœur pour cette pension sans prétention, située à l'angle de la Savignyplatz. 34 chambres lumineuses, toutes simples mais attachantes. Le petit plus ? L'atmosphère quasi familiale.

Pension Peters

Kantstrasse 146 (plan B3)
• U Savignyplatz • ☎ 31 22 278
• www.pension-peters-berlin.de
• De 60 à 110 € • Petit déjeuner : 7,50 €.

METROPOLITAN

À 900 m du Ku'damm, un immeuble très calme de la fin du XIXe s., rénové en 2007, avec un lobby chaleureux et 70 chambres sur des tons rouges.
Schaperstrasse 36 (plan C3)
• U Augsburgerstrasse • ☎ 23 60 74 70
• www.metropolitanhansa.com
• De 40 à 80 € • Petit déjeuner : 9 €.

HOTEL PENSION BELLA

Au 4e étage d'un très bel immeuble ancien, cette pension propose 12 chambres et un appartement indépendant de 3 chambres. Accueil très chaleureux.
Ludwigkirchstrasse 10a (plan B3)
• U Uhlandstrasse • ☎ 881 67 04
• www.pension-bella.de • De 40 à 150 €.

BERLINER HOF

Soixante-douze chambres ultrapropres dans les tons pastel (certaines avec kitchenette ou balcon) à l'intérieur d'un building commercial (Europa Center), situé près de la Gedächtniskirche (p. 73). Réception au 2e étage.
Tauentzienstrasse 8 (plan C3)
• U & S Zoologischer Garten
• ☎ 254 950
• www.berliner-hof.com
• De 70 à 400 €.

Hotel Astrid

PARK PLAZA BERLIN KUDAMM

Hôtel ultramoderne au design audacieux. Couleurs vives, formes insolites et œuvres d'art composent un univers à part. Chambres personnalisées.
Joachimstaler Strasse 28-29 (plan C3)
• U Kurfürstendamm • ☎ 88 44 70
• www.parkplaza.com • De 50 à 110 €
• Petit déjeuner : 9 €.

HOTEL ASTRID

Vingt-huit chambres avec parquet et plafond orné de moulures, classiques et spacieuses. Certaines avec un petit balcon, d'autres avec vue sur le Kurfürstendamm.

Bleibtreustrasse 20 (plan B3)
• Ⓤ Uhlandstrasse • ☎ 881 59 59
• www.hotel-astrid.de • De 80 à 170 €.

BLEIBTREU HOTEL

Dans une rue paisible, cet hôtel à la façade Art déco est une petite merveille de design. L'espace relaxation est très accueillant.
Bleibtreustrasse 31 (plan B3)
• Ⓤ Uhlandstrasse • ☎ 884 740
• www.bleibtreu.com • De 80 à 150 €
• Petit déjeuner : 19 €.

HOTEL PALACE

Hôtel raffiné avec vue sur le Jardin zoologique et le Kurfürstendamm, totalement redessiné par le designer Erza Pavrir. Chambres décorées dans un style mêlant modernité et tradition. Espace détente (piscine, sauna, massage).
Budapester Strasse 45 (plan C3)
• Ⓤ & Ⓢ Zoologischer Garten
• ☎ 25 020 • www.palace.de
• De 100 à 500 € • Petit déjeuner : 28 €.

HOTEL ART NOUVEAU

Proche de la Savignyplatz, édifice Art nouveau à la décoration moderne et éclectique.
Leibnizstrasse 59 (plan B3)
• Ⓤ Adenauerplatz • ☎ 32 77 440
• www.hotelartnouveau.de
• De 80 à 110 €.

Schöneberg (Quartier 10 - p. 78)

B&B HOTEL

Cet hôtel se situe à 5 min de la Potsdamer Platz et propose 90 chambres pimpantes. Un peu bruyant côté rue.
Potsdamer Strasse 90 (plan D3)
• Ⓤ Kurfürstenstrasse
• ☎ 516 51 00 • www.hotelbb.de
• Réception : lun.-ven. 6h-23h, sam.-dim. 6h-22h • 96 €
• Petit déjeuner : 8,50 €.

Kreuzberg, le long du Mehringdamm (Quartier 11 - p. 82)

TRAUMBERG FLATS

Traumberg Flats loue neuf studios avec Wifi et kitchenette entre Mehringdamm et la charmante place Chamisso (p. 85).
Fidicinstrasse 44 (plan D4) • Ⓤ Platz der Luftbrücke • ☎ 600 31 972
• www.traumberg-flats.de
• 79 € le studio de 24 m².

Traumberg Flats

HOTEL RIEHMERS HOFGARTEN

Cet hôtel néo-Renaissance de 1891 offre des chambres joliment décorées ; vous pourrez profiter à la fois d'une cour et d'un jardin.

Yorckstrasse 83 (plan D4)
• Ⓤ Mehringdamm • ☎ 780 98 800
• www.riehmers-hofgarten.de • 130-150 €.

Friedrichshain et l'East Side Gallery (Quartier 13 - p. 90)

OSTEL

L'immeuble date de la RDA, et les chambres et appartements à louer sont décorés comme à l'époque. Vous serez ici en plein Friedrichshain, à deux pas du mur de Berlin et des clubs les plus fréquentés de la ville. C'est un point de départ idéal pour une découverte du Berlin alternatif !

Wriezener Karree 5 (plan F3)
• Ⓢ Ostbahnhof
• ☎ 25 76 86 60
• www.ostel.eu • De 33 à 100 €.

HOTEL 26

Cette partie de Friedrichshain est très animée le soir venu. Hôtel moderne et confortable, d'un très bon rapport qualité/prix.

Grünberger Strasse 26 (plan F2-3)
• Ⓤ Frankfurter Tor • ☎ 297 77 80
• www.hotel26-berlin.de • De 95 à 200 €.

Prenzlauer Berg (Quartier 14 - p. 96)

KASTANIENHOF

Au cœur de l'une des rues les plus animées de Prenzlauer Berg. Chambres simples, modernes et plutôt spacieuses.

Kastanienallee 65 (plan E1)
• Ⓤ Rosenthaler Platz • ☎ 44 30 50
• www.kastanienhof.biz • De 70 à 200 €
• Petit déjeuner : 9 €.

ACKSEL HAUS

Entièrement restaurée, cette maison proche de la Kollwitzplatz a un charme fou. Les 35 chambres sont superbement décorées, et certaines disposent d'une kitchenette.

Belforter Strasse 21 (plan E1)
• Ⓤ Senefelderplatz • ☎ 44 33 76 33
• www.ackselhaus.de • De 150 à 300 €.

PFEFFERBETT HOSTEL

Située en plein centre de la ville, cette auberge de jeunesse a été aménagée sur le site d'une ancienne brasserie, aujourd'hui transformé en centre artistique. Elle propose aussi bien des chambres simples et doubles que des dortoirs. Et en prime, vous profiterez de

plusieurs services : bar, location de vélos (12 €/jour), etc.
Am Pfefferberg, Hof 4, Haus 6
• Christinenstrasse 18-19 (plan I6)
• U Senefelderplatz • ☎ 93 93 58 58
• www.pfefferbett.de • De 16,50 à 99 €.

Neukölln, autour de Tempelhof (Quartier 16 - p. 106)

THE CAT'S PAJAMAS HOSTEL

Ambiance vintage chic pour cette auberge ouverte en 2012 dans le quartier branché de Kreuzkölln. Elle se trouve au bord d'une grande avenue, mais à proximité du canal de Kreuzberg. Accès direct depuis l'aéroport Schönefeld avec le bus 171.
Urbanstrasse 84 (plan E-F4)
• U Hermannplatz
• ☎ 61 62 05 34
• www.thecatspajamashostel.de
• De 18 à 90 €.

Lexique

EXPRESSIONS USUELLES

Oui : ***ja***
Non : ***nein***
S'il vous plaît : ***bitte***
Merci : ***danke***
Au revoir : ***auf Wiedersehen***
Bonjour (le matin) : ***guten Morgen***
Bonjour (l'après-midi) : ***guten Tag***
Bonsoir : ***guten Abend***
Comment allez-vous ? : ***Wie geht's ?***
Excusez-moi : ***Entschuldigung***
Argent : ***Geld***
Combien coûte... ? : ***Wieviel kostet... ?***
Je ne comprends pas : ***Ich verstehe nicht***
Parlez-vous le français ? : ***Sprechen Sie französisch ?***
Qu'est-ce que c'est ? : ***Was ist das ?***

ESPACE ET TEMPS

À demain : ***Bis Morgen***
Aujourd'hui : ***heute***
Hier : ***gestern***
Heure : ***Stunde***
Minute : ***Minute***
Maintenant : ***jetzt, nun***
Où ? : ***wo ?***
Quand ? : ***wann ?***
Quelle heure est-il ? : ***Wie spät ist es ?***
Tard : ***spät***
Tôt : ***früh***

FAIRE DU SHOPPING

Bijouterie : ***Juweliergeschäft***
Boutique : ***Boutique***
C'est trop court/long : ***Es ist zu kurz/lang***
C'est trop grand/petit : ***Es ist zu gross/klein***
C'est trop serré/ample : ***Es ist zu eng/weit***
Chaussettes : ***Socken***
Chaussures : ***Schuhe***
Chemise : ***Hemd***
Coton : ***Baumwolle***
Cuir : ***Leder***
Grand magasin : ***Kaufhaus, Warenladen***
Jouet : ***Spielzeug***
Journal : ***Zeitung***
Jupe : ***Rock***
Laine : ***Wolle***
Librairie : ***Buchhandlung***
Lingerie : ***Unterwäsche***
Livre : ***Buch***
Manteau : ***Mantel***
Marché : ***Markt***
Meuble : ***Möbel***
Pantalon : ***Hose***
Parapluie : ***Regenschirm***
Pâtisserie : ***Konditorei***
Pharmacie : ***Apotheke***
Pointure : ***Schuhgrösse***
Prix : ***Preis***
Robe : ***Kleid***
Sac : ***Tasche***
Soie : ***Seide***
Supermarché : ***Supermarkt***

LES NOMBRES

Zéro : ***null***
Un : ***eins***
Deux : ***zwei***
Trois : ***drei***
Quatre : ***vier***
Cinq : ***fünf***
Six : ***sechs***
Sept : ***sieben***
Huit : ***acht***
Neuf : ***neun***
Dix : ***zehn***
Onze : ***elf***
Douze : ***zwölf***
Treize : ***dreizehn***
Quatorze : ***vierzehn***
Quinze : ***fünfzehn***
Seize : ***sechzehn***
Dix-sept : ***siebzehn***
Dix-huit : ***achtzehn***
Dix-neuf : ***neunzehn***
Vingt : ***zwanzig***
Trente : ***dreissig***
Quarante : ***vierzig***
Cinquante : ***fünfzig***
Soixante : ***sechzig***
Soixante-dix : ***siebzig***
Quatre-vingts : ***achtzig***
Quatre-vingt-dix : ***neunzig***
Cent : ***hundert***
Mille : ***tausend***

POSTE, TÉLÉPHONE, BANQUE

Banque : ***Bank***
Cabine téléphonique : ***Telephonzelle***
Enveloppe : ***Briefumschlag***
Papiers d'identité : ***Ausweispapiere***
Passeport : ***Pass***
Poste : ***Post***
Téléphone portable : ***Handy***
Timbre : ***Briefmarke***

À L'HÔTEL

Avez-vous une chambre libre ? : ***Haben Sie noch Zimmer frei ?***
J'ai réservé : ***Ich habe reserviert***
Chambre à deux lits : ***ein Doppelzimmer***
Une nuit avec petit déjeuner : ***eine Übernachtung mit Frühstück***
Quel est le prix pour une nuit ? : ***Wieviel kostet es pro Nacht ?***

AU RESTAURANT

L'addition, s'il vous plaît : ***Die Rechnung bitte***
Je voudrais réserver une table : ***Ich möchte eine Reservierung machen***

Où sont les toilettes ? :
Wo sind die Toiletten ?
Beurre : ***Butter***
Bière : ***Bier***
Bœuf : ***Rind***
Bouteille : ***Flasche***
Chou : ***Kohl***
Choucroute : ***Sauerkraut***
Couteau : ***Messer***
Cuillère : ***Löffel***
Déjeuner : ***Mittagessen***
Dessert : ***Nachtisch***
Dîner : ***Abendessen***
Eau : ***Wasser***
Entrée : ***Vorspeise***
Escalope : ***Schnitzel***
Fourchette : ***Gabel***
Fromage : ***Käse***
Garçon : ***Herr Ober***
Moutarde : ***Senf***
Pain : ***Brot***
Petit déjeuner : ***Frühstück***
Plat du jour : ***Tagesgericht***
Poivre : ***Pfeffer***
Saucisse : ***Wurst***
Sel : ***Salz***
Viande : ***Fleisch***
Vin : ***Wein***

EN VILLE

Où se trouve le centre-ville ? :
Wo ist das Stadtzentrum ?
À droite : ***rechts*** / À gauche :
links
Arrêt de bus : ***Haltestelle***
Billet d'entrée : ***Eintrittskarte***
Bus : ***Bus***
Église : ***Kirche***
Entrée libre : ***Eintritt frei***
Gare : ***Bahnhof***
Jardin : ***Garten***
Jour férié :
Nationalfeiertag
Métro : ***U-Bahn***
Office de tourisme :
Verkehrsbüro
Palais/château : ***Palast/ Schloss***
Place : ***Platz***
RER : ***S-Bahn***
Rue : ***Strasse***
Taxi : ***Taxi***
Tout droit : ***geradeaus***
Voiture : ***Wagen***

Index

CRÉDITS PHOTOGRAPHIQUES

Intérieur : toutes les photographies de cet ouvrage ont été réalisées par **Romain Boutillier** à l'exception de celles des pages suivantes :

Jean-Christophe Godet : p. 7 (c. d.), p. 17, p. 73, p. 95, p. 146, p. 164, p. 194, p. 213, p. 215.
Patrice Hauser : p. 7 (ht g.), p. 9 (c. g.), p. 13 (b. g.), p. 27, p. 30, p. 31, p. 42, p. 45, p. 60, p. 65, p. 71, p. 75, p. 76, p. 79, p. 83, p. 84, p. 89, p. 91, p. 92, p. 94, p. 97, p. 98, p. 100, p. 103, p. 127, p. 143, p. 163, p. 169, p. 188, p. 191, p. 192, p. 196, p. 214.
Jérôme Plon : p. 8 (b. g.), p. 9 (ht d.), p. 10, p. 11 (b. g.), p. 13 (ht. g.), p. 19 (b.), p. 29, p. 35, p 37, p. 46, p. 47, p. 49, p. 55, p. 57, p. 61, p. 77, p. 101, p. 105, p. 107, p. 116, p. 123, p. 131, p. 132, p. 136, p. 137, p. 145, p. 154, p. 157, p. 158, p. 160, p. 171 (b. g.), p. 184, p. 189.
Eva Gravayat : p. 12 (ht. g.), p. 19 (ht d.), p. 48, p. 81, p. 88, p. 104, p. 114, p. 125, p. 174, p. 175, p. 177, p. 179.
Shutterstock.com : Bildagentur Zoonar GmbH : p. 69 ; Semmick photo : p. 93.
Photos de prêt : © Berliner Unterwelten e.V./Holger Happel : p. 12 (b. g.) ; Détail du panorama DIE MAUER avec visiteurs © Asisi : p. 34 (b.).

Couverture
Visuel principal : © Danuta Hyniewska / Age Fotostock ; visuels bas : © GARDEL Bertrand / hemis.fr
Plat 4 : visuel haut : © Bildagentur Zoonar GmbH / Shutterstock.com ; visuel bas : © Romain Boutillier.

L'éditeur souhaite remercierJim Avignon pour sa précieuse collaboration au visuel principal de couverture, ainsi que le studio Asisi pour la reproduction de l'œuvre DIE MAUER.

Dernière édition revue et enrichie par **Jean-Philippe Follet**.
Éditions antérieures revues et augmentées par **Eva Gravayat, Céline Fion, Jean-Philippe Follet** et **Jean-Yves Cotté.**
Édition originale établie par **Véronique Souben** et **Alexandre Mazurek**.

Direction : Nathalie Bloch-Pujo
Direction éditoriale : Cécile Petiau
Édition : Marine Barbier-Blin, Eulalie Chantreux, Camille Dupont, Émilie Lézénès, Géraldine Péron, Adam Stambul, Julie Wood
Suivi éditorial : Sophie Berger
Ont également collaboré à cet ouvrage : Gabriel Fabre, Anaëlle Féret, Michèle Fernandez, Lisa Fichter et Paula Legrand
Cartographie : Frédéric Clémençon, Aurélie Huot
Fabrication : Liza Sacco

Conception graphique de la couverture et de la maquette intérieure : Caroline Joubert • www.atelier-du-livre.fr
Mise en pages intérieure : Maogani

Contact presse : rmazef@hachette-livre.fr - ☎ 01 43 92 36 66
Contact publicité : vhabert@hachette-livre.fr - ☎ 01 43 92 32 52

Aussi soigneusement qu'il ait été établi, ce guide n'est pas à l'abri des changements de dernière heure, d'erreurs ou omissions. Ne manquez pas de nous faire part de vos remarques. Informez-nous aussi de vos découvertes personnelles, nous accordons la plus grande importance au courrier de nos lecteurs :
Guides Un Grand Week-end - Hachette Tourisme - 58, rue Jean-Bleuzen, 92 170 Vanves
weekend@hachette-livre.fr
Facebook @GuidesUnGrandWeekend • **Instagram** @ungrandweekend • **Twitter** @ungrandweekenda

Édité par Hachette Livre (58, rue Jean-Bleuzen, CS 70007, 92 178 Vanves Cedex)
Imprimé par Polygraf (Capajevova 44, 08199 Presov, Slovaquie)
Achevé d'imprimer : décembre 2018
ISBN : 978-2-01-700837-8 - 63-3248-6
Dépôt légal : décembre 2018 - Collection n°44 - Édition : 01